U0937201

近代漢語方言文獻集成　第三輯

喬全生　主編

李軍　編著

近代漢語客贛方言文獻集成

（全三卷・卷二）

创于1897
商務印書館
The Commercial Press

類字蒙求

總目

光緒元年歲次乙亥仲秋校刊

類字蒙求

初冊

蒙童七歲就塾。即宜敎以認字。講解音義。調叶平仄均學堂切要之務。是書專爲課蒙而設。凡係難認之字。即旁標一同音小字。有兩讀者。即連標二小字。不刻音字。省文也其本音無可標者。即將平上去入四聲。標其平某上某去某入。不刻聲字。亦省文也。蒙童解此。以後作對吟詩。郵函記事。均可於此取益。此先師　齋掌衡　何蕡階兩夫子苦度金鍼。藏之祕笈。幾六十年。茲特刊出永公同好。並述來由。不敢掠美。南州燕毅果安敬識。

天時

天 雲 風 雨 日 月

星 辰 霜 露 雷 霆迅雷

霹 靂雷聲 震同上 閃扇上 電殿 雪 霰綫小雪

雹薄雨冰 霖大雨 澍甘雨 膏甘雨又音告沛甘霖也 霧

靄矮薄霧 烟同煙 霢墨 霂木小雨 雰分 雱旁雪貌 霾埋

陰氣風揚塵也　虹雲氣似龍俗名棒　霓同上亦作蜺　蝃帝蝀凍虹也

明河　霄漢　穹梵蒼天路　霞赤氣　陰

陽　晴　霽晴也　霉梅晦壞　雩禱雨　寶

婺　南極　太白亦稱太乙又名長庚西方金星磨　啟背

明晨出東方　紫微帝星　文昌　彗妖星　孛

妖星　躔　垣　宿　度　以下二十八宿　角

亢 氐低 房 心 尾 箕

斗 牛 女 虛 危 室

壁 奎 婁 胃未 昴卯 畢

觜醉上 參 井 鬼 柳 星

張 翼 軫 春 夏 秋

冬 朔月首 望十五與望字有別俗誤混 弦 晦月尾

伏 臘（辣） 社 年 節 時

閏 孟 仲 季 蚤（同早） 朝（昭）

晨 旦 昧爽（即黎明） 晝 夜

昬（同昏） 暮 寒 冷 涼 溫

和 暑 熱 暖（同煖） 燠（欲）（暖也） 煦（許）（溫也）

金 木 水 火 土（以上五行） 甲

乙丙丁戊己庚

辛壬癸以上天干十 自 子鼠 丑牛

寅虎 卯兎 辰龍 巳蛇 午馬 未羊

申猴 酉雞 戌犬 亥猪以上地支十二 建

除滿平定執破

危成收開閉 立春

雨水　驚蟄及　春分　清明

穀雨　立夏　小滿　芒種

夏至　小暑　大暑　立秋

處暑　白露　秋分　寒露

霜降　立冬　小雪　大雪

冬至　小寒　大寒　上元

正月十五

中元七月十五　下元十月十五　上巳

端午　七夕　中秋　重陽

除夕　正征 歲首稱正月秦始皇名政秦避諱稱正月為征月後世仍之

地利

東 西 南 北 中央 上

下 廣 狹 肥 磽（敲 瘠也） 長

短 高 低 旁 側 縱

橫 延（長） 袤（茂 寬廣） 曲 直 原（高處）

隰（夕 低處） 遠 近 疆界 遐 陬（鄒）

僻壤 土地 山嶽 岡陵

巖谷 崖（同厓 岩嵒） 岸壑 坑坎

川澤 陂（卑） 渠（劬） 溝（勾） 塍（句） 封 洫（息）

塗（同途） 道路 籬 塹（欠） 堡（保） 隝（午）

墈（看）（坡也） 基址 關 卡（哈） 險（顯） 隘（矮） 津

梁 圩 堤 隄（同堤） 防 墻（當去） 堰（掩） 閘（扎）

壩霸 池塘 淵泉 濠 圳准去 汀

渚 灘 灣 渦鍋 渡 涉

浮 沈陳亦作湛 流 泛 漂 泊

沿 溯 游 洄 汎 泳

汩蜜 沒俗作没沒非 泅囚 泡庖 濫

溢亦 漲 涸壑乾也 漫瞞慢 滔叨 湧

滾　泥　滑伐　派排去　淺　深

洗　濯昨　淘桃　汏太　渾汾　濁昨

清　淡同澹　溥同普　瀉　瀑卜　淹馬

浸　潤　灌　注　溉槩　滿　滯恥去

沾　溼失俗作濕非　渣遮　滓子　濬浚　浚

潮海早潮　汐夕海夜潮　海同澥　汝　漢

淮 泗 江 湖 河 涇（京）

渭 湘 潭 濟 洙 汶

瀛洲 滄浪（郎） 波濤 瀾 洋

灑（仝上 同洒） 田 畎 畝 隴（戎） 畔 澮（怪）

坵（印） 橋 棧（暫）道 鄉村 墟

集 市 積 口岸 鎮 街

類字蒙求

肆坊莊舍廬巷

衚胡衕同京都小街閭閻炎第宅井里

鄰佑場圃囿宥園院

落野垣窖穽亦作陷阱坪坂

坡同阪塵埃厓塊礫力沙

磊餧塡田築培壅糞

崩塌(塔)　傾圮(起)壞倒　崎嶇(區)險　巉(湌)峭險

崒(七)嵂(聿)險　巍峩高　崔嵬高　岧嶤高

陡(斗)卓高　崇嶐(隆)高　峻高　危　崛(窟)特起

曠蕩大　峽　洞　峯　巒　嶺

岫(袖)　巔　頂　島(倒)俗作島非　嵐(南)

岵　岑　岡　冢　崑崙　峨

嵋

岐 與歧別

歧 分路

泰 東嶽亦名岱

衡 南嶽

畫

華 西嶽

嵩 中嶽亦作崧

恒 北嶽俗作恒

嶽 通岳

身體

身分　體態殆　形骸孩　相貌冒

頭顱奴　腦老袋代　首級急　顖信門顖古作囟

骨髓洗　天庭　髮　髽遮髻寄小兒束髮

辮　鬢儐耳邊髮　髦毛覆額髮　眼睛

目　睫　矇　瞎　瞽　額厄角

鼻孔　隆 準 拙 高鼻　耳　聰　聾

䫲 蒯 聾　眉　面　臉 韡　頰 結 面旁肉

顴 拳 面旁骨　顖 爽 腦蓋　顰 貧 皺眉　脣　嘴 追上 亦作觜

口　舌　牙　齒　齦 懇 齧骨　齩 襖 亦作咬

齟 祖　齬 伍吾 不交合　齗 銀 牙根肉　齧 臬 嚙　喉　嚨

咽 焉頁 喉　頤 移 頤骨　頦 皆 下包　頷 旱 下包肉又音罕黙頭也　顋 篩 俗作腮非

須 嘴毛作鬚俗字 髭兹 亦作頿生上唇 鬍胡 生頦下 髯然 生頰下即

連邊須也 沙髮 頂 落頂髮 頸 項 肩

剝膊 帚肘 夾膊 亦腋 脇下 股 腿 肱 手彎 手

宛腕 墨脈 亦作脉 指 某拇 大指亦稱將指又名巨擘 食

指 二指 中指 無名指 四指 小指

巾筋 乳 乃奶 脊 歇脇 勒肋

背 脊 迹 胸 同胷 膺 胸 心 肝 膽 省作胆

脾 皮 肺 腎 辛 囊 郎 肚 腹

腸 胃 未 腰 亦作膂 臍 尿 堯去 脬 泡

肛 江 膀 旁 胱 光 臀 豚 腿 臁 連 膝 錫

腳 俗作脚非 足 跟 根 脛 勁 螺螄骨 踵 跟後

爪 甲 屁 譬 屎 始 本作矢詩經音詩 糞 出

恭北人呼拉弓　溺堯去尿本字又音力別　便　痰　涎

津液亦　涕　洟移　唾安　泣　淚

汗　氣　血　肌　膚

脂　膏　膜莫　垢　膩二　皮

肥　瘦　胖旁去　瘠迹　[illegible]　疾病　咳槩

嗽少咳本作欬　呻吟　痛楚　疼同痛也　癢

類字蒙求　身體三　十

亦作瘁

瘁萃 憔樵 悴萃 健旺 强

矍爵 鑠索 勞困 鞕厄去硬本字 輭元上軟本字

幼 少 壯 老 矮厓上 長

頎祁長 短 癡亦作痴 呆帶平 禪 憨犴

獃厓騃同 笨盆去滯 累雷贅醉 蠢亦作惷 ⿰身它惰平

背曲 拐乖上足病 瘂雅啞同不能言 瘖啞 近視亦稱短視

重聽 聾 口吃 絆舌 鬐頭 掐 癭 英 瘤 流

贅 醉 疣 尤 痣 志 疤 巴 斑 痕跡

疚 究 病 疢 寸 疾 疥 瘡 癩 奈 癘 利

瘋 封 癰 雍 陽毒紅腫易潰 疽 追 陰毒 疔 丁 毒 痱 肺

子 俗稱噴虱 痘 疹 枕 痳 麻 痂 加 瘡殼 痦 丕上

塊 快上 瘰 磊 癧 力 痰核 癤 節 癮 引 膿 戎 癖 僻

疶屑 亦作泄洩腹瀉 痢利 痾阿 驚悸季 怔征

忡冲 心跳 癆牢 瘵菜 膨彭 脹壯 蠱古 癇慳

痔治 悶門去 痊圈 瘳秋 愈 香

臭 臊搔 膻參 腥 胞 胎 孕

尸 產 鼾汗平 睡聲 魂 魄 骷枯 髏婁

性情

孝 弟 忠 信 禮 義

廉 恥 智 仁 勇 毅

剛方 正直 慈惠 寬柔

明斷 果敢 温厚 和平

愷悌 勤儉 精靈 謙讓

恭敬 遜順 謹慎 賢良

恩德 慷慨 端慤（恪） 操持

渾樸 把握 忍耐（奈） 涵養

誠實 陰騭 功業 修行

博雅 才能 聰慧（惠） 穎（影）悟

敏捷 俠烈 高潔 貞節

乖巧　伶俐　喜樂　歡悦

憐愛　係戀（連上）　嬉笑　詈罵（利　馬去）

忿怒　嫌隙（賢　息）　嗁（同啼）哭　悲慟

沈悶（門去）　猜釁（斂　信）　忖度（寸上　唐入）　悽惻

慘怛（塔）　愁苦　憂憤（糞）　慚愧

畏懼　忌憚　羞辱　惶恐

驚駭（械）　怕怯　庸懦　迂拙

懈泄（異）　懶惰　陋劣　糊塗

疲玩　輭（元上）弱（輭俗作軟）　頑耍（舍上）　兒戲

驕奢　淫佚　放蕩　靡麗

繁華　侈汰（太）　安逸　佻達

拕（妥平）蹋（同踏）（拕俗誤拖）　諂媚　阿諛（喻）　詐偽

陰險　奸猾之　便平聲佞　刁雕健

狡交上獪怪　詼灰諧　譏誚峭　謗毀

訕議　謠言　瑕疵　顛倒

涸茶淆　蒙混　影射　干謁頁

詛祖呪畫　盟誓　誇獎　奔競勁

逢迎　攢專刺　欺謾滿平　誆騙片

侵漁　涼薄　妒嫉（覩 疾）　尖克（箋）

眷注　迷惑　怨惡　悔悟

讎仇（讎亦作讐）　寃枉（淵 往）　抑勒（肋）　褊急（區）

輕狂　猖獗　傲慢　村俗

鄙吝　猥褻（委 屑）　山野　挫折（錯）

干犯　姦宄（奸 鬼）　讒慝（慙 忒）　譖愬（薦 素）

唆梭卒 貪婪崩 凶暴 殘酷

鏖傲平訛莪 圈套 賺贊揹肯去 哄洪上嚳嚳

謬妙妄 偏僻 悖逆 僭亂

反叛 强悍 跋拔扈户

數目

一壹　二貳　三叁　四肆

五伍　六陸　七柒　八捌

九玖　十拾什同　百伯　千仟

万萬　億十萬　兆十億　單　隻　零

雙雙双並非　奇箕又奇怪音其　耦同偶　繁凡　多

新學家求 十七

眾 庶眾 夥火多 寡 少 鮮先上

同尟亦作尠正上 重 疊迭亦作疊俗作疊非 迭 躉對上全

整 複福 倍 蓰徙師倍五 觔金亦作斤 兩

錢 分 釐 毫 絲 忽

渺杪 微 塵 虛 盈 輸舒

贏盈 賸盛同剩 餘 虧 折 短

絀 歉（乾上）（省作欠） 之 賠 墊（奠）

賺（贊） 縮（索） 個（同箇省作个） 慳（嵌） 嗇（色） 尋

（十丈）丈 （十尺）尺 寸 分

人倫

君　后　尊　長　臣　子

卑　賤　父　爺古作耶　爹　嚴

父　慈母　母　娘本作孃　高　曾

祖　公　婆　考父死稱　妣母死稱

翁妻稱夫之父　姑妻稱夫之母又父之姊妹亦稱姑　媽　奶乃

伯　叔　姆茂伯妻　嬸叔妻　妯軸　娌里姆嬸相稱

姒似兄妻　娣弟弟妻　哥　嫂本作㛮又作⿰女更　昆仲

姐　姊子　妹　⿰女叚遐　⿰女夷于　丈夫

妻　妾　姬　姜　婦　少

艾　側室　細君尊稱人妾　媳子婦　良

人稱夫　兒　崽宰子　女　壻作婿非　郎

十九

甥婿亦稱甥孟子帝館於貳室是也又俗稱女之子為外甥 舅媳婦稱翁曰舅婿稱岳丈曰外舅

舅俗稱妻之兄弟曰內舅 嬡愛尊稱人女曰令嬡 孿戀上雙生 跨夸去竈子勝父

克家肖子 孫子之子 曾孫孫之子 元

孫曾孫之子 來孫元孫之子 昆孫來孫之子昆亦作晜

仍孫昆孫之子 雲孫仍孫之子 姪直俗作侄非 猶

子 宗族 姻婭亞 親戚 婚

婣(同姻) 伉(亢)儷(利) 幼孩 童 分
娩(免)(生育) 連襟(今)(妻之姊妹丈) 師生 受業
門人 小門生(門人子) 晚學生
(門生 門人) 後學 交遊 眷屬 徒
弟 主 僕(跟班) 奴(青衣) 臧(莊)獲(或)(奴) 紀(記)
綱(江)僕 僮(同) 丫(鴉)頭(婢女) 鴉鬟(凡)

人事

耕耨漏　播種衆　栽插俗作挿非　耘耔子茲

耰攸耡徂　刈乂穫　築場俗作塲非　納稼

治圃　灌貫園　蒔持示蔬疎　種菜

採柘詐　剗鏟同桑　飼士蠶　繅騷絲俗作絲非

取繭　紡絮　彈棉緜綿通　撚冉麻

緝七線　織紝壬忍一作紝　染采　踹采布

裁縫　交遊　視聽平去二音　問

答　言話　投贈　跳躍跳有平上二音

坐起　行走　飛跑抛上　追趕敢

盟誓　祈禱　詛祖咒晝　培植

作養羊上　攜帶　提拔　賙周濟

扶持 獎勵 誘幼掖亦 指引

勸勉 教誨 率循 督責

仰慕 學習 師承 規諫

觀摩磨 爲善 習正 悔過

戒淫 寢臥 夢寐 眠宿

寤歎灘炭 鼾犴睡 醒星省覺各告 醉飽

飲食（飲有上去二音　食有去入二音）　飢餓　死喪（喪有平去二音）

煩渴　饕（好平）餮（忝）　餔（鋪）啜（拙）　配偶

生育　疾病　呻吟　痛癢（羊上）

呼叫（驕去）　忿懥（志）（怒也）　剃髮（剃本作薙）　梳辮

櫛（結）沐　澣（莞）浴　洗濯　宰割

斫（丵上）劈（辟）　箍（沽）紮（扎）　綁（榜）縛（穫）　綑（捆同）束

維縶 擴穵 掇答 攪狡 擾 摖雌上 手取物

舀窈 挹彼注茲之稱 俗謂舀水舀湯 撮拙 撚冉 攙暫平 雜 湊趍去 添

撞長丈 擊 搗倒 擣同 俗作搗非 撤徹 去也 作撤非 撥鉢 分 撻 打也

撿 撒柵 攤淡平 擂雷 爬巴 搔

攔南 攘郎朗 攬懶 俗作攬非 擦 擡台 挑佻

擔丹 擠濟疸 撐瞠 俗作撑非 捉作 摭遮 攫取 挈怯

類字蒙求 人事三 廿三

抱 掐恰指爪傷物 抔罘掬 抉決 扳 扯茶上

扣 扮板去 敲 擊 打那平 拈念平兩指取物

捋納 拋脬 掀宣 擲尺 拉 揪糾平亦作揫

扭牛上 搯 拐乖上 拑虔 拕俗作拖非 拗奥俗作抝非

挂 按 挖韈 挨哀 挪羅 挹亦

挽 揑臬手造物 捻臬指按物 掙諍用力 掠略 採

會
探此字雖有去聲御未入韻　推　掩揜同　揉樓擾　掯肯去
掂顛以手量物輕重　捩列亦作挒以手拗折諸物　搵穴　換　搞
揩楷平　拭　拂　抹　揮　搏剝
搓磋　搖　擺　撼　搜廖一作摎
搦箏入一作𢍉　搬半平　搭　搶槍上　摑國　摘
摳口平　撈老平水中取物　摸　摩　撇列　撕

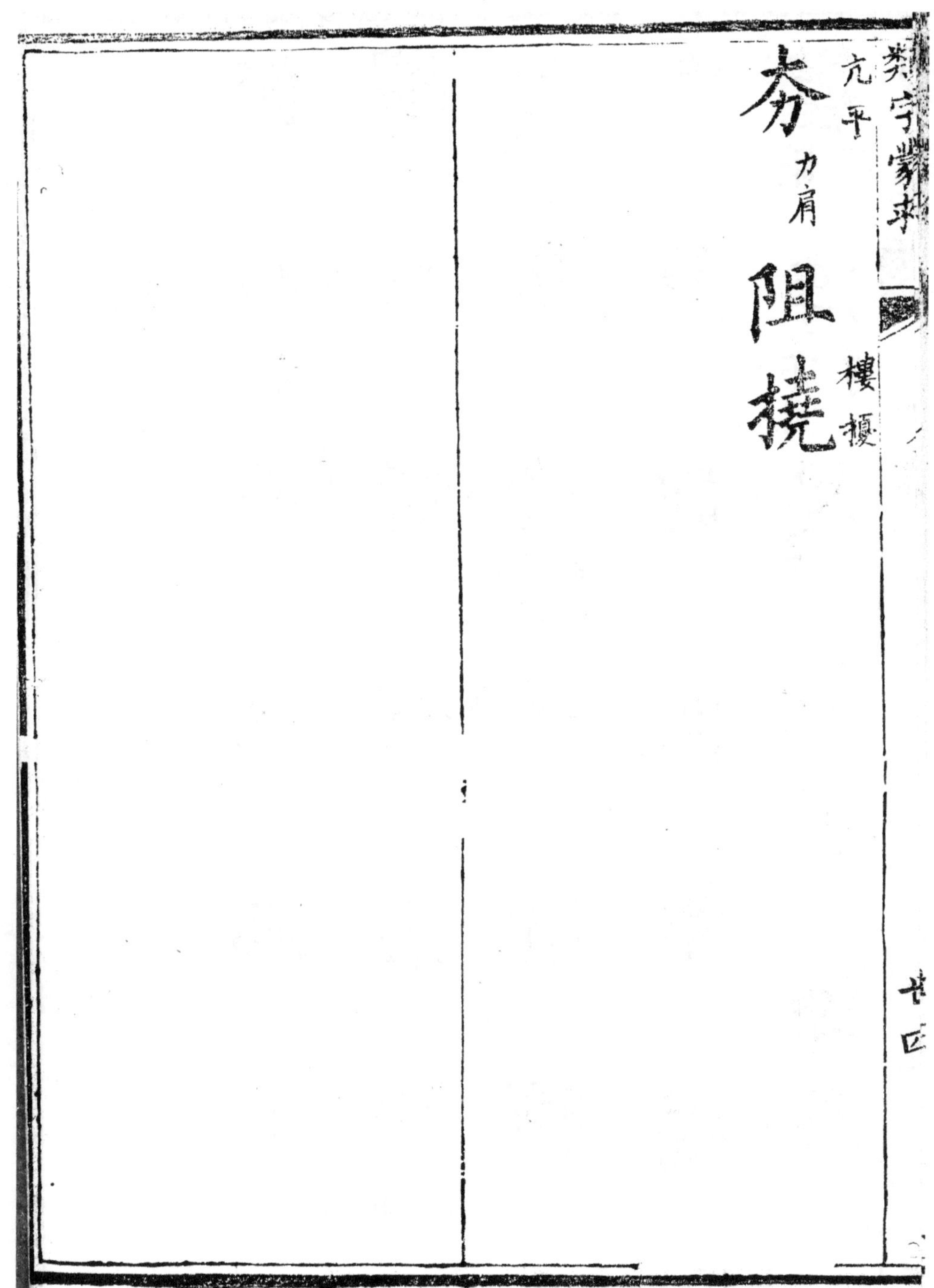

類字蒙求

夯 亢平 力肩

阻撓 樓 摟

廿四

飲食

飯　粥（一名稀飯）　羹　湯　酒　漿

醴　酪（洛）　酥（蘇）　茶　茗　煙（烟同）

飡（同餐）　饔　飧（孫）（俗作飱非）　膳（善）　脩　脯（甫）

肉　醉　飽　飢　餓　渴

殣（近）（餓死）　殍（亦同莩一）　餒（蕊）（餓）　凍米　粉團

粢詞粑　米果　索粉　饅滿平頭

麪　餅　餌二　包子　磨北人呼餅

餑北人無入聲逢入即轉平稱餑餑恍若波波　薄餅　餃皎子

饊産　糕高亦作餻　餳青　餹唐亦作糖　餞薦　蜜亦作蜜

飴于　餛渾飩豚　鮓者　豆豉食　醯希

醢海　醬　醋北人呼忌諱　鹽延　鹵魯　梅

酸算平 鹹閑 辛 辣捺 苦 澀設

甜田 甘 炙職 烘丰 烤考 煆短去

炮厄 燔凡 烙洛 燒 炒 煮

炆 煎薦 煏壁 悶門去 熯漢 燉頓

煨威 蒸 炕抗 熬 炠扎 烹

飪忍 糉罘 一作粽角黍也 椒焦 蔗詐霜 燻熏

醃焉　爉辣　殽豪一作肴　饌傳去　爨　葷分

素　脃翠俗作脆非　灱遭　靭銀去　炊　藥

劑濟　丸　散　咀苴　片

穀菜

稻（道）水生白米者即晚粳穀

粱 米之善者

黍（著）早粳穀

麥（墨）

秫（术）高粱

稷（迹）北人呼小米

粳（更）亦作秔晚米

菽（叔）大豆

穀（谷）總名

米 總名

秈（仙）晚穀俗稱觀音秈

黏（沾）俗作粘黏即粳也以性黏合故名今俗以黏粳相反非

稬（儒）俗作糯

禾 通稱

稼 初種

穡（色）將斂

秧（央）

苗

稈（敢）禾藁

藁（絞）

稂（郎）

莠（有）

荑（提）

稗（敗）

稌 粳穀

牟麰大麥來小麥麴菊糵臬麯曲荍喬蕎同

蠶傳豆豌歡豇江豉食藊匾省作扁非

穅康秕比糙造禾舂米糝船上米成粉糟遭粕泊糧良

穎引穗會穉治禾孫玉米珍豆

苞粟薏意苡以茭交筍笋同彫刁菰姑

胡麻苴疽俗作芝蔬疏菜蒝元荽須

菘（松）白菜　芥　黄芽白　葱（中）　蒜（算）

蕌（轎）藠非　韭　薤（懈）　薑（姜）　蕻（甕）空心菜　莧（限）

茄（且平）　茴（回）香　芹　荼（涂）　苦蕒（買）

辣（拵）椒（焦）　苦瓜　菫（謹）　筒（還）菰也　蘑（磨）

萵（鍋）筍　椿（春）芽（牙）　薇（為）　菠（波）　筍（笋）

蕨（厥）粉　枸（茍）杞（只）　苜（木）蓿（宿）北方賤菜　蔓（慢）菁（精）

蘿羅蔔伏 萊來菔伏亦名 萱諼同花亦名 金針

木耳 黃精 山藥 蕷揄芋同

蹲存鴟恥平芋別名 百合 慈姑一作茨菰 藷殊亦作薯莱

葫蘆古作壺盧 匏庖葫蘆圓者 瓠戶匏屬長者 甜田瓜 蒂帝

瓤即瓜內肉 蔓悶 筒同 蒿嗥 藜離 藕偶

馬齒莧即瓜仁菜 莙君薘達 藿霍 藤滕

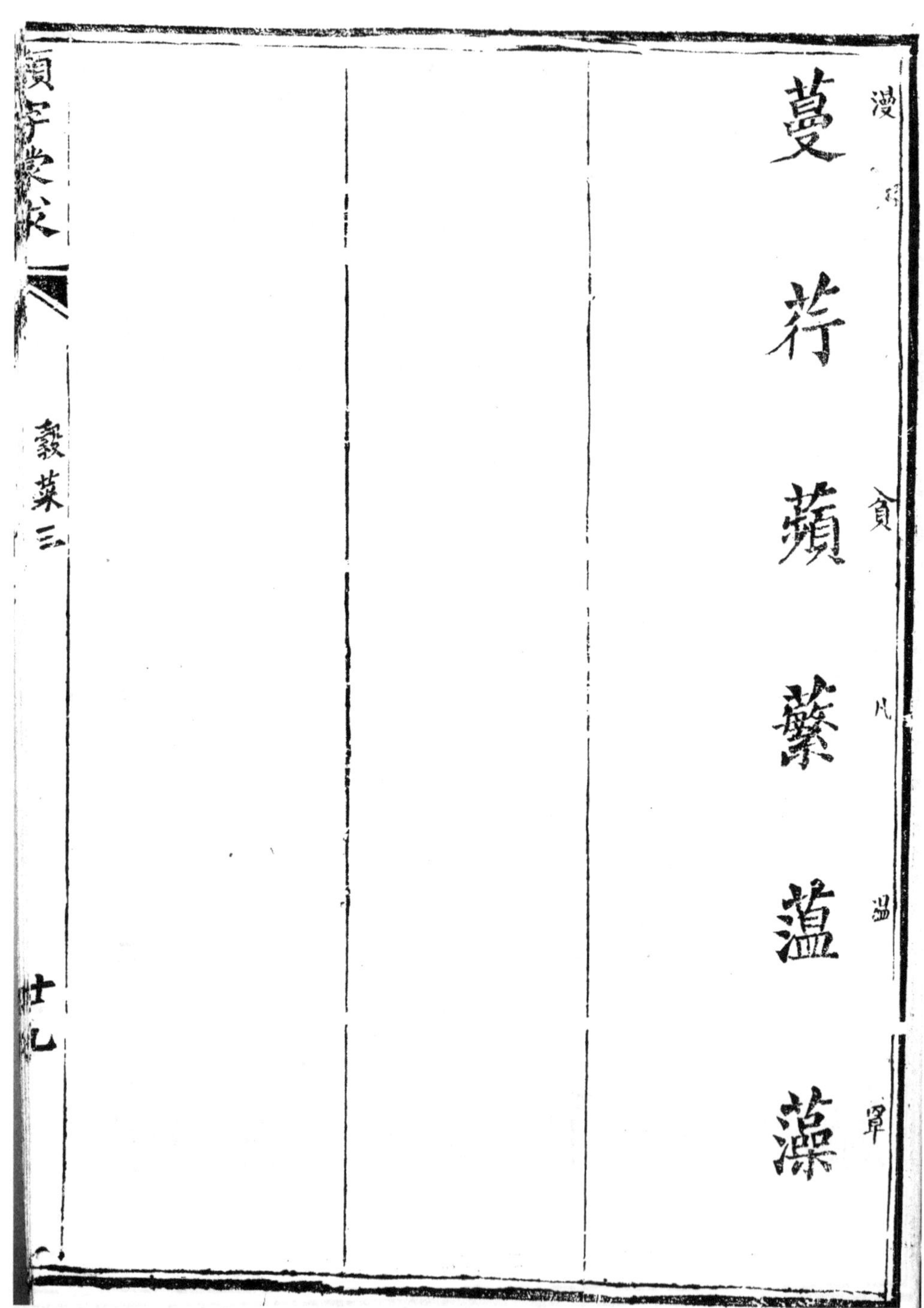

蔓 漫
荇 [illegible]
蘋 貧
蘩 凡
薀 温
藻 早

類字蒙求
穀菜三
十七

宮室

閶闔　宮殿　堂陛　閥閱(代　曰)

辟雍　泮宮　貢院　棘闈(戕　爲)

號舍　矮屋(艾上)　衙門(牙)　館閣

庠序　學校　書塾　會館

幕府(莫)　行臺　邸寓(底)　逆旅

郵(由)亭 閭閻(延) 樓榭(謝) 廳 廂

廨(駭) 廊 閣 房 室 㢈(洒)

楹 柱 棟 梁 楞(能去) 簷(同檐)

霤(流) 門 楅(棬) 梘(檢) 屏(平) 牆

壁 垣 墉(容) 廠(創) 户 㡉(妙)

閨閣(細) 繡闥(塔) 榻(塔) 護(父) 窗(同窻窓) 廈(下)

階沿 天井 眉枋方 卷蓬

闌干亦作欄杆 軒 檻爛 樞區 軸逐 棖帳

櫰酸 闑業 閾亦門限 簾 幃 牌坊

一名 桿作楔屑 涼棚 篾滅𥳑折 帳蓬

溜流去筒溜亦可讀平聲 磚 瓦 石 礎

磉爽 獸頭 鴟恥平吻穩 椽 楣迷

碑碣　匾額　裱糊　寺

觀去聲　庵菴同　廟　祠　壇去聲　墠善

龕堪　神座　倉　廒　庫　藏　廩

廏究　馬闌作厩非　俗砌　墁滿去　撿　蓋　築竹

創　造　建　修　葺七　營

繕[illegible]　治　廚　庖　廁　溷混　亦廁也

院宇 山莊 精舍 別墅 樹

閒庭 第宅 府 店 鋪俗作舖非

街 肆 行 棧

服用

冕免旒流　鳳冠　盔魁　幘則　帽冒

頭巾　笠立　瓜皮　纓英　緯未

涼篷朋　領　披肩　衣裳

服　襟今亦作衿　裙　龍衮　蟒莽袍

貂刀褂卦　外套討去　補服　霞帔披被

衫山 袖囚 袵忍 衾琴 裯 袂妹

袴俗作褲沭 襠當袴下垂處 襖敖上 裾居 褐合 幅福

單丹 夾甲本作袷 包 袱服 鈕牛上 釦口 絆扳上

線 縫奉 袒坦 裼息 複福 裹果 腳爵

褻屑 裏 棉 裘 皮 履

屐治 襁褓 兜斗平肚 韈晚入亦作襪古作韤

鞋孩本作鞵 靴鴉平本作鞾[illegible] 帶 紳 綬 簑
斗篷朋 絮 裁 縫 補綻贊
翦 紉人 製 帳 被 褥禄
氈俗作毡 藁絞 薦建 椶中 毯坦 蓆夕本作席 簟奠
鋪蓋 氆普 氌魯 墊殿 坐 袈加 裟沙
紗 羅 綢仇同紬 呢宜 綃 綾凌

繭緞（梘段）　哈喇（卡辣）　湖縐（照）　嗶嘰（必飢）

回紋　織絨　縑（兼）絲　羽毛

練（連去）　錦　繡（秀）　絹　紈（丸）　縞（絞）

縠（谷）　綫（亦作線）　辮（便）　條（叼）　結　布

帛（白）　麻　絲　經（竟）　綜（衆）　葛（割）

縷（呂）　綺（以）　撚（由）　緝（七）　絞（豪）　紡（訪）

績黃紅朱赤赬稱

紫絳降綠紺淦緅沼白

素青藍南皁造去俗作皂非黑烏

緋非蒼翠弔灰茄且平色

黛大豔延去亦作豔俗作艷非采彩通絢炫爛濫麗利

粉胭焉脂之香囊郎多寶袋代

類字蒙求 服用三 竹近

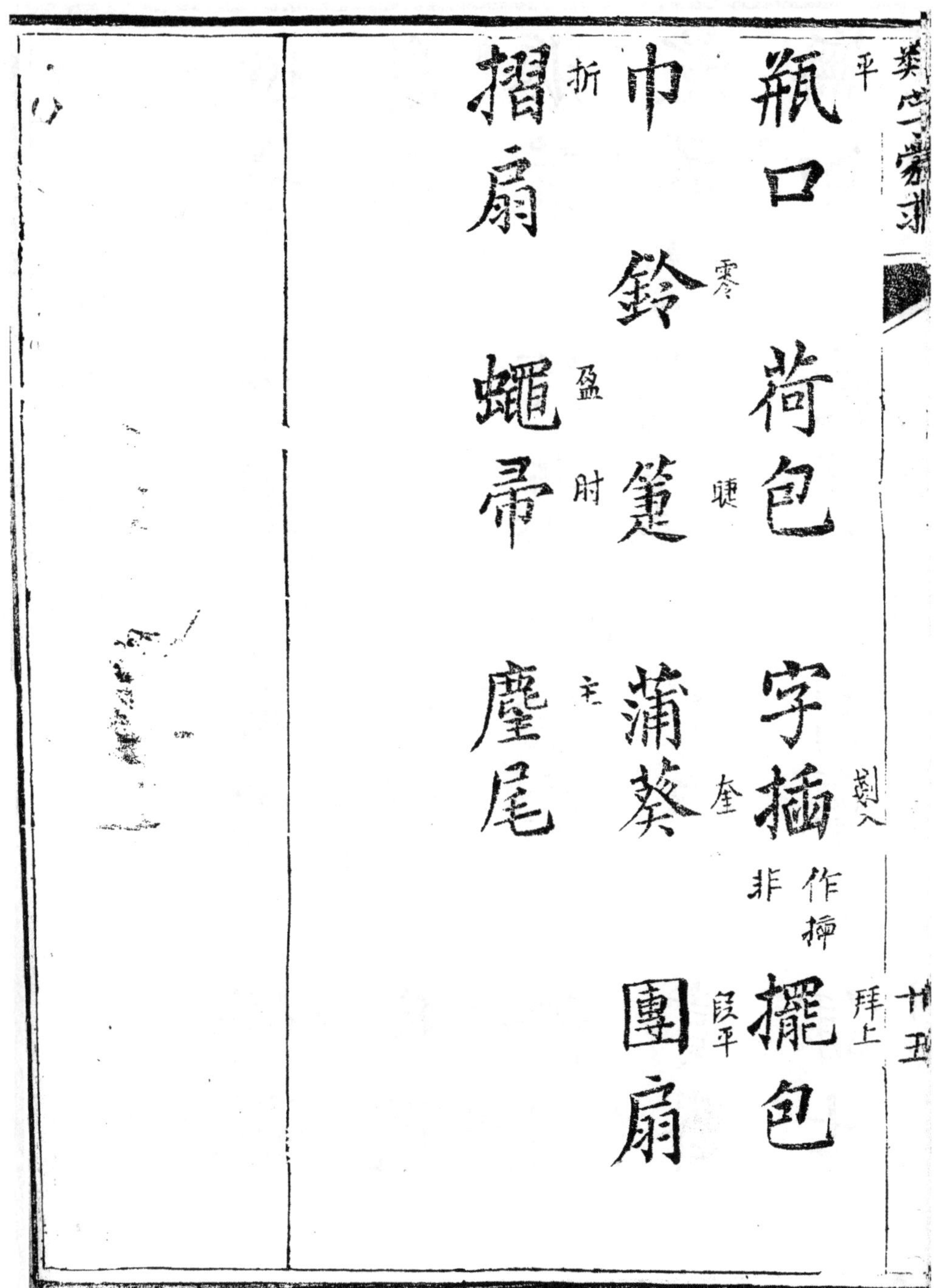

類字蒙求　廿五

平瓶口　荷包　字插劃入作揷非　擺拜上包

巾　鈴零　箑睫　蒲葵奎　團段平扇

摺折扇　蠅盈帚肘　麈主尾

政治

巡（旬）幸　閲（曰）邊　省囚　清獄（玉）

息訟　救灾（戎）　捍（旱）寇（叩）　禦（女）患

賑（振）荒　濟急　勘（看）驗（念）　沴（戾）疫（役）

乾（干）旱（汗）　乾俗作乾非此字干虔兩音　水潦（老）　澇同　賞賚（奈）

撫卹（息）　勸農　科舉　課士

政治一

考校（通較　學校　音效）　選拔　衡（行）鑑（監）　薦（存）引

發榜　飲宴　曉諭　硃批

籤（干）　票（漂去）　牌（排）　札（斬入）　移　檄（吸）

牒（迭）　申　詳　飭（尺）　稟（賓上）　咨（茲）

關提　照會　行知　護（戶）照

溜（流　又去聲）票　傳單　奏（照）摺（折）　題本

疏章　保舉　皁異　詿（卦）誤（務）

部議　抵（底）銷　准　本作準宋避寇相寇萊公名改此至今仍之

斥　辦（扳去）駁（剝）　字典本與駮通今館閣分用駮雜則從彼辦駁則從此

訪緝（七）　查拏　俗作拏拿　拘（居）集　訊（信）問

研（言）審　縲（雷）絏（眉）　鎖（瑣）鏈（練）　扭（牛）撈（勞）

桔（吉）梏（谷）　管押（鴨）　監（奸）禁　牢獄（玉）

犴（恙）狴（被）拷（考）掠（略）鞭笞（鴟）枷（加）號

刑杖批（披）頰（結）掌責擬（蟻）罪

發配髡（坤）鉗（虔）宮（去陰）腐（甫）（去陰）

劓（乂）（去鼻）刵（二）（去耳）斮（作）（去足一名刖）黥（鯨）（刺面塗墨一名墨）剮（寡）

淩遲斬立決馘（國）（斬首）殲（仙）（殺也）

殺梟（曉平）首絞（狡）充軍流

徒 譴（歎） 謫（則） 遣（歎）戍（庶） 出口

新疆（姜） 軍臺 烟瘴（脹） 赦書

開復 察奪 平反（翻） 究（救）懲（呈）

罰（之）贖（罰） 檔（當）案 冊（側）卷 勾銷

判（泮）結 貪贜（莊）俗作脏非 賄（匪）賂（路） 苞（包）苴（疽）

囑（竹）託 關說 情面 袒（坦）護（戶）

徇（荀去）庇（閉）　縱容　慫（竦）恿（涌）　指使

偏執　公允（永）　漕米　條銀

徵（征）收　報銷　串（傳上）票　育（欲）嬰（英）

養老　旌（京）表　獎勸　鼓勵（利）

風化　栽（哉）培　頒（班）發　給（急）領

甘結　允（永）服　爭鬭（斗去）亦作鬥　盤詰（結）

徵 征 兵　督 篤 隊 兑　視師　開仗 丈

報捷 截　露布 捷書名　班師　安民

屯 豚 田　防堵 都上　善後　斥 尺 堠 后

瞧 樵 樓　儀仗　護 戶 衛 禾　開礦 廓

挖 挽入 卝 孔　鑄 注 錢　社學　義倉

修城　繕 善 郭 光入　鋤 徂 暴 抱　興利

開墾（肯） 茶稅 鹽場 抽（丑平）釐（黎）

保甲 團（單）練（連去） 戶冊 門牌（排）

捕（步）蝗（皇） 平糶（跳去） 修圩（于） 築（竹）隄（提）

平路 掘（穴）蝻（南）子 義渡 遏（安入）糴（笛）

爵位

皇帝　天子　陛下秘　皇上以上皆臣民尊奉之稱

朕鄭自稱　予一人自稱　予小子祭告自稱

太上皇天子之祖　上皇天子之父　太皇太后天子祖母　太后天子之母　皇后天子之妻　嬪頻

貴人　貴妃非均天子之妾　太子天子之長子亦稱儲君一稱東

宮又稱青宮

皇子天子之庶子亦稱儲貳統稱阿哥　公主天子之女

附

駙馬天子之壻　親王天子之兄弟　福晉親王之妻

郡主親王之女　郡馬親王之壻　郡王較親王略疏

貝背子較郡王略疏　貝勒肋較貝子略疏　宗室貝子以下宗屬

蘇拉那平親王家丁　包衣親王用人實係撥役二字乃宗人府撥來供役者北人無入聲故訛成此二字

公　侯　伯　子　男五等封爵

宰相一稱中堂一稱相國一稱柱石臣

一稱相公一稱元老一稱上公○吏部

古稱天官一稱銓部亦稱選部尚書古稱冢總

宰侍郎古稱少宰稽勳司郎中稱司勳勛員外郎稱南

曹○户部古稱地官一稱民部一稱農

部尚書古稱大司徒亦稱大司農侍郎古稱

少司徒亦稱少司農○禮部古稱春官亦稱祠部亦稱儀曹尚書古稱大宗伯亦稱秩疾宗侍郎古稱少宗伯郎中古稱南宮舍人亦稱中儀員外郎稱少儀○兵部古稱夏官亦稱樞區省亦稱武部尚書古稱大司馬亦稱圻其父侍郎古稱少司馬○刑

部古稱秋官亦稱憲曹亦稱比部尚書古稱大司寇侍郎古稱少司寇。工部古稱冬官亦稱虞部亦稱水部尚書古稱大司空侍郎古稱少司空。都察院古稱諫垣亦稱西臺亦稱憲臺左都御史亦稱總憲右都御史亦稱副憲

左副都御史總督加銜右副都御史巡撫加銜

御史一稱風憲一稱言官一稱柱

下史給事中一稱給諫一稱黃門

通政使古稱納言一稱銀臺○大理

寺卿古稱廷尉○太常寺卿古稱奉

常○太僕寺卿古稱冏卿○光祿

寺卿古稱太官。鴻臚奴寺卿古稱大
行人一稱典屬國。國子監亦稱太
學一稱國學祭酒一稱大司成
司業一稱少司成。詹粘事一稱宮尹
少詹一稱少尹。九門提督一稱金
吾。太監古稱寺人一稱涓捐人一名宦

官　一名中官　一名奄尹焉　一名常侍　統名閹焉

○總督　一稱部堂　一稱制軍　一稱開府

一稱節鎮　○巡撫　一稱中丞成　一稱部院

○欽差　古稱星使　亦稱節使凡　自稱使臣

○布政　一稱方伯　亦稱藩司　○按察

古稱連帥晒　一稱廉訪　一稱提點　一稱臬司業

巡道一稱觀察。糧道一稱轉運使。知府古稱二千石亦稱太守上台行文稱之曰守。同知一稱司馬一稱治中一稱長史上台行文稱之曰丞。通判一稱別駕上台行文稱之曰倅。知州一稱刺史上台行文稱之曰牧。學政一稱大宗師。運使一稱都轉

痒 次

○運同 一稱同轉 ○運判 一稱副轉

知縣 一稱大令 一稱明府 上台行文稱之曰令

○糧廳 一稱貳尹 ○捕廳 一稱尉 一稱少府

童生 一稱俊秀 監生 一稱上舍

生員 一稱秀才 一稱茂才 一稱弟子員

附生 增生 廪生

恩貢有恩科即有恩貢　拔貢十二年一科逢酉年即拔　副貢即副榜

歲貢大比之年每縣必出一貢由廪生挨次而出故亦稱挨貢　優貢有正科即有優貢由優廪生考取有由優增生優附生考取者即稱優監生　例貢係由監生捐者　附貢係由附生捐者

明經貢士諸貢生通稱　舉人一稱孝廉　進士一稱貢士　中書　主事一稱主政　庶吉士新點入庶常館者　翰林

太史（統稱）編修（邊；二甲授職）撿討（塞；切上；三甲授職）

狀元（一稱）殿撰 修撰（饌；狀元授職）榜眼

探花（貪）傳臚（奴）提督（一稱）提戎

軍門（一稱）都統（桶）都護（户；一稱）總兵

總戎（一稱）鎮軍（振；一稱）都督（一稱）協鎮

協戎（一稱）副將（上台稱）參將（川）參戎（一稱）

一稱參府　遊擊 一稱遊戎 一稱遊府

都閫 捆 一稱都戎 一稱都府 上台行文稱之曰都司

守備 一稱守戎 一稱守府　千總 一稱

總府　把總　俗稱副府　外委 俗呼

副爺　營　哨 管去　隊 見　伍　兵

誥命 五品以上通稱　敕命 六品以下通稱　封 生前誥敕　贈 身後誥敕

誥授　敕授 俱本身封典　移 貤封　貤贈

俱將本身妻室應得封贈追榮先世之名

晉封　晉贈 俱已邀封贈再由陞職加增之名

處 累晉 乃已得封贈累次增加之名

○妻繼妻妾可並封再繼次妾須另請

正一品封 文光祿大夫 武建威將軍　妻一品夫人

從一品封 文榮祿大夫 武振威將軍　妻一品夫人

正二品封 文資政大夫 武武顯將軍　妻夫人

從二品封 文通奉大夫 武武功將軍 妻夫人

正三品封 文通議大夫 武武義都尉 妻淑人

從三品封 文中議大夫 武武翼都尉 妻淑人

正四品封 文中憲大夫 武昭武都尉 妻恭人

從四品封 文朝議大夫 武宣武都尉 妻恭人

正五品封 文奉政大夫 武武德騎尉 妻宜人

從五品封文奉直大夫武武德佐騎尉妻宜人

正六品封文承德郎武武略騎尉妻安人

從六品封文儒林郎武武略佐騎尉妻安人

正七品封文文林郎吏員出身者宣德郎武武信騎尉妻孺人

從七品封文徵仕郎武武信佐騎尉妻孺人

正八品封文修職郎武奮武校尉妻無封鄉俗通稱孺人以下均同

從八品封 文修職佐郎 武奮武佐校尉

正九品封 文登仕郎 武修武校尉

從九品封 文登仕佐郎 武修武佐校尉

未入流 微員未秩定例本無封典鄉俗通稱登仕佐郎

一品補服 文仙鶴 武麒麟

二品補服 文錦雞 武獅子

三品補服 文孔雀 武豹

四品補服 文雲鴈 武虎

五品補服（文白鷴　武熊）六品補服（文鷺鷥　武彪）

七品補服（文鸂鶒　武彪）八品補服（文鵪鶉　武無）

九品補服（文練雀　武無）未入補服（文黃鸝　武無）

都察院。按察司。兵備道（均獬豸補服）

終養　告假　引疾　致仕

丁艱　服闋（缺）　休制　開缺

上任 御（滇）事 卓異 保舉

虛銜 實職 鐫（尖）級（急）革職別名 紀錄

陞遷（濁） 降一稱左遷古人尚右故左遷為降 調 選

補 擢（濁） 獎 謫（則） 貶（匾） 參（川）

劾（核） 彈（談） 糾（九） 考 察 大計

類字蒙求
次冊

封疆

京師 亦稱燕都 一稱都門 一稱日下

第

直隸 古稱北平 一稱金臺 以燕惠王築黃金臺招賢得名 一稱北直

南京 古稱金陵 一稱建康 一稱江南 亦稱江左 今分上江下江兩省

上江安徽 古稱皖城

下江江蘇 古稱三吳

江西 古稱豫

章亦稱江右

浙江古稱淛江志

福建古稱閩中民

湖廣古稱三楚今分湖南湖北兩省

湖南古稱南楚亦稱熊湘

湖北古稱北楚亦稱鄂渚岳

山東古稱東魯亦稱三齊一稱山左

山西古稱三晉一稱山右

河南古稱中州亦稱豫州

陝閃西 古稱三秦 一稱關中 甘肅

古稱蘭州 一稱武始 四川 古稱巴蜀贖

一稱西蜀 廣東 古稱東粵曰 一稱南越

廣西 古稱西粵 雲南 古稱古滇田

一稱南詔照 貴州 古稱黔虔中 一稱貴竹

冀既 兗偃 青 徐 雍 豫

梁 荊 揚 幽攸 并平 益

以上唐虞十二州名目禹定九州少幽并益三州蓋併入矣

府 古稱郡 縣

古稱邑 州 廳

典禮

圜丘（圜同）郊天神（郊祭也丘字避孔子諱加阝旁作邱惟北不加阝所以尊天也）

方澤祀地亓（其）（亓亦作祇祀地亦稱社）　祭青女（霜降節）

耕耤（集）田（一稱勸農）　后稷壇祈穀（一稱祭先農）

臨雍祀孔子（仲春仲秋上丁日）　授民時（頒時憲）

朝日（朝祭）　夕月（夕祭）　日食（君素服）　月食（后素服）

告谷朔索 祈蠶椽一云祭馬頭娘 雩于禱雨 祈晴

土牛送寒 迎春 禡罵祭房星卽馬神也出兵祭

儺羅逐疫 祭武廟關聖 祀文昌奎星 八蜡乍

類累出師之祭 祭旗 獻憲俘夫將擒獲讎敵之人告廟畢戎事也

訊信馘國馘斬也訊問囚虜付斬 受降杭 奏照凱楷得勝班師凱歌入告

釋室奠殿凱旋祭告聖廟之禮文廟常祭亦然 祠廟 祔附

禴（約）春祭礿同　禘（替）夏祭又王者大祭之稱　嘗秋祭　烝冬祭　享（向）饗同

歆（欣）　灌（貫）奠酒　獻　齋　戒　禊（契）除不祥

祓（弗）除不祥　禳（郎）卻災異　祝（竹）　祐（又）　祜（户）　祚（助）

虔（乾）誠　鬱（役）鬯（唱）　粢（慈）盛（成）　時食

牲牢　酒醴（體）　燔（凡）柴　讀祝

肴牲　瘞（意）毛血　幣（被）帛　楮

奏樂　舞佾(役)　飲福　受胙(助)

望燎(了)　徹饌(撰)　慶賀　冠(貫)笄(箕)

姻婭(亞)　嫁娶(趣)　晬(七)盤(周歲)　壽誕(旦)

科第　豎(樹)棋　掛匾　坊表

綽(勺)楔(屑)(牌坊別名)　哀輓(挽)　喪葬　弔唁(念)

訃(付)告　殯殮(斂同)　棺槨　發靷(引)

執紼（弗） 下肂（自） 掩埋（偃霾） 安厝（醋）

墓表 神道 碑碣（怯） 墳塋（容）

馬鬣（列）封 齋醮（焦去） 開堂 招魂

孤 父沒稱 哀 母沒稱。父母俱沒則稱孤哀。亦別稱永感 承重 長子已死，長孫承服之稱。且有長孫已沒，而長孫之長子稱為承重曾孫者。 降服 出繼子孫之稱 杖期（基）

生 父母沒後，妻死之稱 反服生 冢子死，為父者稱此。又父母在，妻死之稱，亦稱不杖

期生

斬衰崔 以生麻布為衣。旁及下際皆不緝。麻冠。麻絰。菅屨。竹杖。婦人麻屨。不杖。子為父母服。婦為舅姑服。在室女為父母服。妻為夫服。妾為家主服。承重孫為祖父母服。古制足三年。今定為二十四月。有衣頂者加三月。閏月不算。

齊衰杖期玆崔 以熟麻布為衣。旁及下際皆縫。緝麻冠。麻絰。草屨。桐杖。適子為有子之庶母服。父母沒後。夫為妻服。定制周年。閏不算。

齊衰不杖期 為兄弟及姊妹之在室者服。孫及在室孫女為祖父母服。降服子為生父生母服。妾為家長之妻及家長之冢子服。胞姪為伯叔父母及姑之在室者服。父母在夫為妻服。亦定制周年。除閏月不算。

大功九

月粗白布衣冠經 為姑及姊妹之適人者服。降服孫為本生祖父母服 降服姪為本生伯叔父母服 降服弟為本生兄弟及姑姊妹之在室者服。

小功五月

細白布衣冠經 為再從兄弟及姊妹之在室者服。為兄弟之妻服。古者嫂叔無服唐制增出。姪為從伯叔父母服。姪孫為伯叔祖父母服。外孫為外祖父母服。為母之兄弟姊妹服。降服曾孫為本生曾祖父母服 妾為家長之祖父母服

齊衰五月

曾孫及曾孫女之在室者為曾祖父母服

齊衰三月

元孫及元孫女之在室者為高祖父母服

緦麻三月（思）

細白布經帶素屨。壻為妻之父母服。岳為壻服 曾孫為

曾祖兄弟及曾祖兄弟之妻服。孫為祖從兄弟及祖從兄弟之妻服。子為父再從兄弟及再從兄弟之妻服

小祥周年祭　大祥再周年祭　禫萏二十七月祭終喪起服之期　紳宦

稽啟顙爽頭觸地有聲　磞捧去頭即稽顙　稽首首至地　叩首

不舉手頓首一名　磕渴頭　跪奎上　拜　揖

鞠菊躬即作揖又名打恭　請安屈一膝作半跪俗名打扦。卑幼見尊長之禮。

饋匱同餽　遺裕贈也　幇邦襯撐去　恭送

侑　連

贐儀 送行禮　匳貲 送嫁禮匳俗作奩非　芹敬 入泮禮　芊敬

中舉禮　賀敬 凡百喜事送禮通稱　元卷 送應試禮　代牲 送人開堂乾禮

代帛 回弔禮　燭敬 新婚禮　脉敬 謝醫　筆敬 潤筆

菲敬 乾禮通稱　旌使 亦稱　敬使 賞來人　席敬 折席

贄敬 謁師　束脩 學俸　節敬 端節中秋節禮　年敬

亦稱　炭敬 歲終禮　力金 賞工人　代土儀 出外送尊長乾禮

附

賻敬助人辦喪　賵奉亦助喪　恭薦秋元鄉試宴文武生監通帖

恭薦春元會試宴文武舉人通帖　恭薦鹿鳴鄉試薦文生監專帖

恭薦鷹揚鄉試薦武生監專帖　恭薦瓊穹林殿試宴文進士專帖

芹酌候。光入泮請客專帖　苹酌候。光新舉人請客專帖

蔬酌候。光尋常請客通帖　亦作菲酌　又作

潔樽　恭迓訝。文旌請尊長老師先達貴客通帖　恭迓

台旌紳士請官長帖　恭迓鸞車請婦人通帖　恭迓

香車請在室女子通帖　恭迓蓮輿同上　姓某名

頓首拜訂男請客寓帖通款　歸夫姓阿母氏斂臉袵

女請客寓帖通款　領。謝受禮回帖　璧。謝不受禮回帖　心領。謝

不赴席與不受禮辭帖　辭。謝不赴席繳帖　嚴慈命領。謝父母壽誕

受禮回帖　嚴慈命璧。謝父母壽誕不受禮回帖　嚴慈命謹領

典禮　六

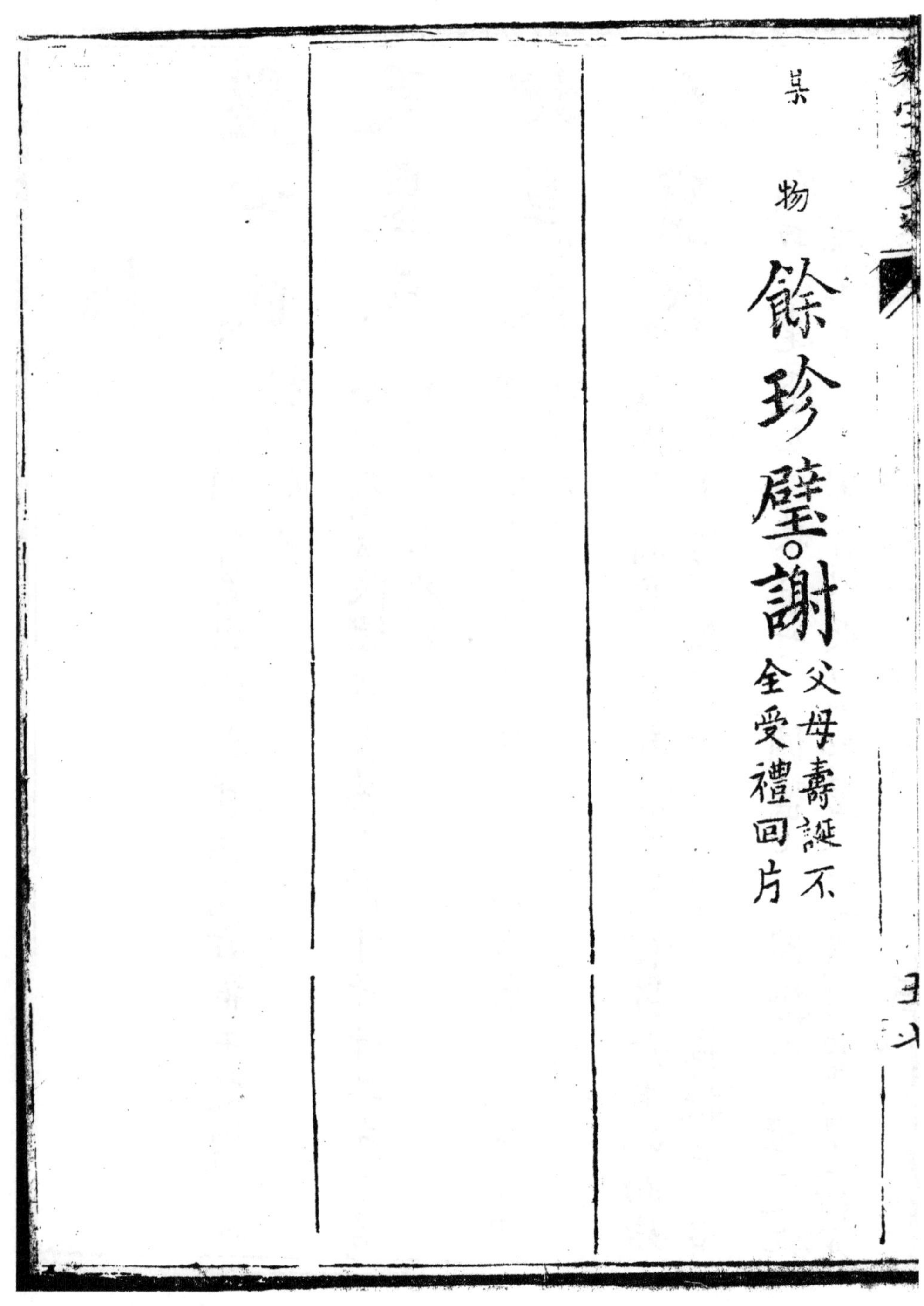

某　物

餘珍璧。謝

父母壽誕不全受禮回片

朝代

盤古氏 開天闢地。首出御世。實爲萬古帝王之祖。又稱渾敦氏。

天皇氏 亦曰天靈氏。繼盤古爲君。制十干十二支之名。以定歲之所在。

地皇氏 繼天皇爲君。定日月星爲三辰。以三十日爲一月。

人皇氏 繼地皇爲君。政教君臣飲食男女由此而始。有十紀。九頭一　五龍二　攝提三　合雒四　連通五　敘命六　循蜚七　因提八　禪通九　疏仡十　先儒有以天皇地皇人皇爲三皇者。後訂定

三皇之一

伏羲

太昊氏風姓。以木德王。亦曰包羲。又曰庖犧。都陳。畫八卦。造書契。作網罟。養六畜。造甲歷。定嫁娶。作三十六絃之瑟。後傳十五帝。女媧 伯皇 中央 大庭 栗陸 驪連 渾沌 赫胥
尊盧 昊英 有巢 朱襄
葛天 陰康 無懷

三皇之二

神農

炎帝氏姜姓。以火德王。亦稱伊耆氏。都陳遷曲阜。嘗百草。著方書。教樹藝。立市廛。作土鼓蕢桴葦籥之樂。
八傳至榆罔而替。

三皇之三

黃帝

軒轅氏姓公孫。以土德王。都涿鹿。以干支配日。作雲門大卷樂。名咸池。元妃嫘祖教養蠶。

五帝之一

少昊 金天氏姓己名摯黄帝子以金德王 都曲阜 作大淵樂

五帝之二

顓頊 高陽氏姓姬黄帝孫以水德王 都亳 作承雲樂 以建寅月為歲首 分冀兗青徐雍豫梁荆揚九州

五帝之三

帝嚳 高辛氏少昊孫以水德王 都亳 作六英樂 三妃慶都生堯四妃常儀生摯 摯長即位九年禪堯

五帝之四

唐 帝堯有天下之號 堯姓伊祁名放勳以火德王 都平陽 定四時作大章樂 在位七十二年禪舜

五帝之五

虞 帝舜有天下之號 舜姓姚名重華黄帝八代孫以土德王 都蒲阪 作五絃琴九韶樂 在位六十三載禪禹

三王之一

夏 禹有天下之號 禹姓姒黄帝玄孫以金德王 都安邑 治水成功 正畝畝 修溝洫 定貢賦 作大夏樂

定建寅之月為歲首。傳子啟　太康　仲康　王相　少康　王杼　王槐　王芒　王泄　不降　王扃　王廑　孔甲　王皋　王發　癸即桀以無道亡　傳十七君十四世四百三十九年。

三王之二

商

湯放桀有天下之號、湯子姓契之後名履以水德王。都亳。作大頀樂。鑄金幣。改用建丑之月為歲首。

傳太甲　沃丁　太庚　小甲　雍己　太戊　仲丁遷囂　外壬　河亶甲遷相　祖乙遷耿又遷邢　祖辛　沃甲　祖丁　南庚　陽甲　盤庚遷殷國號即改殷　小辛　小乙　武丁　祖庚　祖甲　廩辛　庚丁　武乙遷朝歌　太丁　帝乙　受辛即紂以無道亡　傳二十八君凡十六世共六百四十四年。

三王之三

周武王繼商有天下之號。周姬姓稷之後以火德王。都鎬。作大武樂。改用建子之月為歲首。傳成王 康王 昭王 穆王 共王 懿王 孝王 夷王 厲王 宣王 幽王為申侯與犬戎所弒。諸侯立太子於東都。

東周幽王太子宜白建都於此即周公相成王時所營之東都。是為平王。傳桓王 莊王 釐王 惠王 襄王 頃王 匡王 定王 簡王 靈王 景王 悼王 敬王 元王 貞定王 考王 威烈王 安王 烈王 顯王 慎靚王 赧王薨於秦。 自武王至赧王凡三十七王三十三世。合之東周君。計八百七十四年。

附東周五霸

齊桓公名小白襲袁海之雄圖得管鮑爲之輔佐故南伐召陵望熊山北伐山戎至孤竹西伐大夏涉流沙登太行諸侯莫敢違

晉文公名重耳出亡十九年備嘗艱險暮年得國急欲圖功又得狐偃狐毛顛頡趙衰欒枝先軫郤縠荀林父魏犨諸人爲之指臂宜其戰勝攻取所向無敵

秦穆公名任好席襄公之餘烈得有岐豐八百里之地由余來降益國十二得百里奚于宛迎蹇叔于宋求丕豹公孫枝于晉三用孟明增修國政列國爭朝秦闢霸圖雄長東南

宋襄公名兹父屢合諸侯以圖霸以人從欲不以欲從人一會于盂而被楚執再戰于泓而爲楚敗北杏背

盟致諸侯之伐彭城失守致諸侯之圍雖名列五霸之中實無戰功可錄

楚莊公名旅僭稱王倡霸中原狎主夏盟不獨邲郊一戰大敗晉師爲諸侯所懾服也

附戰國七雄

燕姬姓召公奭之後國勢强盛周赧王五十九年秦滅周正燕孝王二年越三十四年始爲秦將王賁所滅

齊陳完之後當秦滅周之日正齊王建九年越三十九年始爲秦將王賁所滅

韓姬姓周武王之後世爲晉大夫周安王二十六年與趙魏三分晉國當秦滅周之日正韓桓惠王十七年

越二十六年始為秦將王翦內史勝所滅

趙嬴姓與秦共祖伯益趙衰趙盾事文公任國政襄子與韓魏三分晉國趙孝成王十年秦滅周越三十四年始為秦將王翦所滅

魏姬姓畢萬之後魏犨魏絳世為晉大夫其後桓子與趙襄子韓康子三分晉國魏安釐王二十一年秦滅周越三十一年始為秦將王賁所滅

楚芊姓鬻熊之後國素強考烈王在位之七年秦滅周越三十三年始為秦將王翦所滅

秦嬴姓伯益之後非子為周孝王牧馬馬蕃分土為附庸邑之秦襄公逐犬戎有功周平王封為諸侯賜以岐西之地周東遷而秦始強至穆公而成霸其後遣

將軍摎攻滅周室自乙巳至己卯三十五年天下無主七雄並爭始皇二十六年始盡滅六國而歸一統

秦 始皇嬴政滅周有天下之號 都關中 廢井田開阡陌置郡縣除封建 傳二世胡亥凡二君共十五年

漢 高祖劉季有天下之號 仍都關中 傳惠帝 呂后文帝 景帝 武帝 昭帝 宣帝 元帝 成帝 哀帝 平帝 孺子嬰 僞新王莽 淮陽王 併呂后王莽共十五帝計二百十年

東漢 光武帝劉秀中興之號 都洛陽 傳明帝 章帝和帝 殤帝 安帝 順帝 沖帝 質帝 桓帝 靈帝 獻帝 歷八世凡十二君共計一百九十六年

蜀漢 昭烈帝劉備承統之號。都益州。傳帝禪。凡二世計四十三年。時魏吳相與鼎立。號稱三國。

魏 文帝曹丕篡蜀漢有天下之號。都鄴。傳明帝 廢帝 少帝 末帝。凡五傳。合四十六年。

附**吳** 大帝孫權建國之號。都建業。傳廢帝 景帝 末帝。凡四主。合五十九年。

晉 武帝司馬炎受魏禪有天下之號。都洛陽。傳惠帝 懷帝 愍帝。凡四君。共五十三年。

東晉 元帝睿。纂統之號。睿本琅邪王覲妃夏侯氏通小吏牛金所生。篡有晉祚。正應元石圖牛繼馬後之讖。都建康。傳明帝 成帝 康帝 穆帝 哀帝 廢帝奕 簡文帝 孝武帝 安帝 恭帝。十一主。九十七年。

附兩晉間十六國

前趙劉淵・據平陽叛晉。自稱漢。傳三世。陷洛陽執晉懷帝。陷長安執晉愍帝。計擾二十一年。

後趙石勒　據鄴稱霸。降漢屢寇晉。傳七主。計擾二十三年。

前燕慕容廆　據棘城稱霸移據遼東。傳四主。計擾八十六年。

後燕慕容垂、據中山叛。凡四傳。并高雲馮跋篡據之北燕共擾二十八年。

西燕慕容泓　起兵于華陰。弟沖稱帝于阿房凡六傳。計擾十一年。

南燕慕容德、起兵滑臺。稱帝于廣固。凡二世。計擾十一年。

前秦苻健、攻長安。據之。稱秦天王。又稱皇帝。傳六主。擾四十四年。

後秦姚萇、叛秦。取長安。自稱帝。凡三傳。計擾三十四年。

西秦乞伏國仁、叛苻秦。據隴右。號乞伏可汗。凡四世。計擾四十七年。

前涼張寔、據河西。自稱涼王。歷傳四主。計擾六十九年。

後涼呂光、仕苻秦。苻亡。光自立為涼天王。傳四主。合擾十九年。

南涼秃髮烏孤　叛　呂涼。自稱西平王。都廉川。又徙樂都。凡三主。據十八年。

北涼沮渠蒙遜　殺　建康太守段業。自立為涼王。傳三主。合據四十三年。

西涼李暠　叛北涼　自立為涼公。傳二世。合據二十二年。

後蜀李特　稱霸席漢。進據成都。凡六主。計據四十六年。

夏主赫連勃勃　叛　秦。據平陽。自稱大夏天王。傳三主。據二十六年。　以上十六國。篡爭與兩晉相終始。

南朝

宋 武帝劉裕簒晉之號　都建康。傳少帝　文帝　孝武帝　前廢帝　明帝　後廢帝　順帝八主。共五十九年。

齊 高帝蕭道成簒宋之號　都仍建康　傳武帝　廢帝鬱林王　廢帝海陵王　明帝　廢帝東昏侯　和帝凡七主。合二十二年。

梁 武帝蕭衍簒齊之號。都仍建康。傳簡文帝　元帝　敬帝凡四主。合五十五年。滅於陳。

陳 武帝陳霸先簒梁之號　都仍建康。傳文帝　廢帝　宣帝　後主凡五主。合三十三年。滅於隋。

北朝

魏 道武帝拓跋珪由賀蘭進據中國之號初都盛樂後徙平城 傳明元帝 太武帝 文成帝 獻文帝 孝文帝 宣武帝 孝明帝 孝莊帝 節閔帝 廢帝 孝武帝為高歡偪奔關中凡十二主合一百五十年

西魏 孝武帝為高歡偪出奔關中建都於此遂稱西魏傳文帝 廢帝 恭帝三主合二十二年

東魏 高歡立孝文帝曾孫清河王亶子善見於鄴是為東魏孝靜帝在位十七年為高洋弒國先西魏亡

齊 文宣帝高洋篡東魏自立之號 仍都鄴 傳廢帝 孝昭帝 武成帝 後主 幼主凡六主合二十八年

周 孝閔帝宇文覺篡齊之號 都關中 傳明帝 武帝 宣帝 靜帝凡五主合二十五年滅於隋

隋 文帝楊堅一統之號 都長安 傳煬帝 恭帝侑 恭帝侗凡四主合三十九年滅於唐

唐 高祖李淵有天下之號 都長安 傳太宗 高宗 中宗 睿宗 明皇 肅宗 代宗 德宗 順宗 憲宗 穆宗 敬宗 文宗 武宗 宣宗 懿宗 僖宗 昭宗 昭宣帝凡二十主共二百九十年滅於梁

五代

後梁 太祖朱全忠建國之號 都汴 傳末帝凡二主共十七年滅於後唐

後唐 莊宗李存勖建國之號 都洛 傳明宗 愍帝 廢帝凡四主共十四年滅於後晉

後晉 高祖石敬瑭建國之號 都洛陽 又事契丹自稱兒皇帝 傳出帝凡二主共十一年滅於遼

後漢 高祖劉知遠建國之號 都汴 傳隱帝凡二主共四年滅於後周

後周 太祖郭威建國之號 都汴 傳世宗 恭帝凡二主共九年禪宋

宋 太祖趙匡允有天下之號 都汴 傳太宗 真宗 仁宗 英宗 神宗 哲宗 徽宗 欽宗

南宋 高宗即位南京之號 遷都臨安 傳孝宗 光宗 甯宗 理宗 度宗 恭帝 瑞帝 帝昺 自太祖至帝昺凡十八帝 共三百二十年滅於元

附

遼太祖耶律億偏據之號　都燕　傳太宗　世宗　穆宗　景宗　聖宗　興宗　道宗　天祚帝凡九主計二百一十年滅於金

附

金太祖阿古達偏據之號　都燕　傳太宗　熙宗　海陵王　世宗　章宗　衛紹王　宣宗　哀宗　末帝凡十主共一百二十年爲蒙古所滅

元世祖忽必烈滅宋有天下之號　都燕　傳成宗　武宗　仁宗　英宗　泰定帝　文宗　明宗　文宗復位　甯宗　順帝凡十主共八十八年滅於明

明
太祖朱元璋有天下之號　都燕　傳惠帝　成祖　仁宗　宣宗　英宗　景帝　英宗復辟　憲宗　孝宗
武宗　世宗　穆宗　神宗　光宗　熹宗　莊烈帝凡十六君共二百七十六年滅於逆賊李自成　此外雖有
福王由崧自立於南京　唐王聿鍵自立於福州　桂王由榔自立於肇慶俱不過茍延殘喘旋歸消滅

皇清一統億萬萬年
世祖章皇帝紀元順治　臨御十八年無　廟諱
聖祖仁皇帝紀元康熙　臨御六十一年　廟諱上一字
（玄）奉　文缺末點以元字恭代下一字（燁）奉　文缺中一
直以煜字恭代

世宗憲皇帝紀元雍正　臨御十三年　廟諱上一字胤奉　文缺末乚以允字恭代下一字左示右真奉　文以禎字恭代

高宗純皇帝紀元乾隆　臨御六十年　廟諱上一字弘奉　文缺末點以宏字恭代下一字从厤从日奉　文以歷字恭代

仁宗睿皇帝紀元嘉慶　臨御二十五年　廟諱上一字顒奉　文缺末二筆下一字琰奉　文改炎為炎單用炎字則不改均無恭代之字

宣宗成皇帝紀元道光　臨御三十年　廟諱上一字旻奉　文缺中點無恭代之字下一字从肖作寧奉　文以甯字恭代

文宗顯皇帝紀元咸豐　臨御十一年　廟諱上一字奕
奉　旨不必避下一字詝奉　文缺末筆均無恭代之
字
穆宗毅皇帝紀元同治　臨御十三年　廟諱上一字載
奉　旨不必避下一字淳奉　文改享从高而享郭等
字音義各別者不改均無恭代之字臨文則醕字亦宜避
今上建元光緒　御名上一字載奉　例不必避下一字湉
奉　旨缺末筆無恭代之字而舌活刮括等字音義各
別者無庸缺筆臨文則恬字亦宜避

文具

爾雅　周易　書經　詩經

孝經　周禮　儀禮　禮記

左傳　公羊傳　穀梁傳　論語　孟子以上十三經名目不列大學中庸者以二書原列在禮記中也

史記漢司馬遷著　漢書漢班固著　後漢書劉宋范蔚

宗著

三國志 晉陳壽著

晉書 唐太宗著

宋書 梁沈約著

南齊書 梁蕭子顯著

梁書 唐姚思廉著

陳書 唐姚思廉著

北魏書 北齊魏收著

北齊書 唐李百藥著

北周書 唐令狐德棻著

隋書 隨 唐魏徵著

南史 唐李延壽著

北史 唐李延壽著

唐書 宋宋郊歐陽修同撰先有石晉劉昫所著唐書行世自宋歐書出其書遂稱舊唐書

五代史 宋歐陽修著先有薛居正所著五代史

行世自歐書出其書遂稱舊五代史 宋史 元脫脫不花歐陽元揭傒斯同編 遼史 聊

元脫脫不花等編 金史 元脫脫不花等編 元史 明宋濂等編

明史 國朝大學士張廷王等奉敕編以上廿二史名目 資治通鑑

宋司馬光著 通鑑綱目 宋朱文公著 荀子 荀卿 揚

子 揚雄 文中子 王通 老子 老聃 莊子 莊周以

上五子名目 詩集 文編 著述 纂 轉

訂 訓詁(戶) 箋(尖)註(同注) 解釋 撰(饌)

作 古文 詞賦 歌詠 策

問 經藝 論說 考辨 贊

引 敘述 碑銘 行狀 誄(蕊)

辭 祝文 奏劄(折) 疏 課藝

試帖 簡(東)牘(獨) 頌 吟 闈(為)墨

筆 一名不聿（遹） 一名管城子 一名龍須友
一名毛中書 墨 一名松滋侯 紙
一名楮先生 一名薛濤箋 硯 古通研 一稱
即墨侯 鎮紙 水罐 一名水注
一名水中丞 筆洗 墨牀 帖
錦囊 界尺 圖章 鐫刻

繪(惠)畫　護書　靴(寫平)頁(葉)　簿記

譜牒(迭)　籤(千)套(桃去)　手版全帖　名片

書殼(確)　印(緼)色　志乘(賸)　平上(爽)

去入　絕句　排律　古風

近體　贈答　集句　連珠

聯吟　柏梁七言每句一韻　離騷(筲)

音樂

天籟 琴 瑟 笙 簧 簫

管同筦 竽于 笛古作篴 籥約 壎同塤宣 篪其

箏 筑竹 箜空 篌侯本作空侯 笳 鐘 鈸拔

觱必 篥力 喇那 叭八 號筒同角 鈴

哱勃 囉羅軍律 刁雕 斗軍中夜則鳴更晝則代鍋造飯者 木鐸託

海螺 羅　雲板　蒲牢 大鐘　磬

琵琶　鑼　胡琴　月絃　鼙 皮

洋琴　鼓 鼓別擊也從攴　鼗 桃 同鞉鞀　羯鼓 怯

鼖 墳 大鼓　柷 竹 方木桶　敔 女 木虎　拍 晚 拍板　自鳴鐘

時辰表　八音琴　周髀 痞 自鳴鐘類

銅壺滴漏　宣夜 亦古器自鳴鐘類　雲門 古樂

咸堯樂 韶舜樂 夏禹樂 頀湯樂 武武王樂 缶

土鼓 宮 商 角 徵 羽

以上五音 金 石 絲 竹 匏 土

革 木 以上八音 歌 曲 謳 吟

諷 詠 謠 諺 唱 和

衍 句 乙

演 戲 劇戲也 舞 佾 詞 調

節奏

謎 吹 彈 敲 扣

擊

梆邦 柝託 鉦征

流品

官員　官宦　仕進　隱逸

曠達　公子　貴介　華胄（宙）

聖賢　豪傑　任俠（叶）　書生

儒雅　文人　劍（箭）俠　琴操（造）

書家　詩翁　騷客　詞客

彈棊　弈士弈　手談下棋　幕莫賓

記室　經師　畫工　丹青

田夫　農人　工匠　陶冶

窑姚户　屠涂人　庖儈怪　坐賈古

行杭商　買賣　貿易　牙行

醫生一名　岐黄家一名　青囊家北人稱大夫

卜筮　日者　星學　推測

命理　數學　測字　起課

看相 一稱 風鑑　地理 一稱 青烏家

巫覡 擊　廟祝　籥 約 舞　禮生

和尚 一稱 僧 生　一稱 上人　一稱 浮屠 屠一作圖

道人 一稱 衲 納　一稱 羽士　一稱 山人 俗稱道士

尼(宜)姑　媒(梅)妁(勺)　穩(問上)婆　莊人

佃(甸)戶　船家　一名舟子　水手　舵(情)工

車夫北地呼當駕的　轎把　肩輿

門丁　禁卒　閽人　閹(馬)宦

衙(牙)役　仵(午)作　皁(曹去)隸(第)　經承

科吏　跟(根)隨　差役　圖差

通事　下走　急足　馬快

營哨（嫂去）　兵丁　練（連去）勇　坊捕

地保　僱（故）工　傭（容）人　夥計

朝奉　廚子　園丁　娼妓（一作倡伎）

優（攸）俳（非）　伶（苓）人　戲子　強盜

撈（老平）摸（莫）　偷竊　綽（勺）白　剪綹（柳）

穿窬（于）　游民　無賴　痞（皮上）棍

闖（創）辣（捺）　乞丐（介）　賭博　匪類

富貴　貧賤　窮通　壽殀（夭上）

器具

鋤（徂；同鉏）犂（黎）鍬（悄平）耙（罷）耖（造）耒（内-）耜（似）

欘（唐上）鐮（連）槽（曹；車水具）轆（鹿）轤（奴；槽）戽（付；舟中除水斗）

桔（結）槔（交）稱竿 剗（残上；同鏟）鑱（残）鼎 組 鼐（奈）

鼒（兹）簠（甫；方簋 祭器）簋（鬼；圓簋 祭器）籩（鞭-；竹器）豆（木器）登（燈；瓦器 與登）

尊（別；一作罇樽）爵 斝（假）勺（酌-）瓚（贊-；玉杯）杯

本作桮 亦作盃 觥肱 鑪爐同 釜甫 鬵尋 鍋 銚條去

罐貫 ⿰金曇覃 罋翁去 甕同 ⿰石彭彭去 缸江 鉢撥

椀宛 亦作碗 古作桉 盞斬 甌鷗 鍾 亦作盅 盤

盂于 碟蝶 壺 瓢標 杓芍 挽晚

端筒 盆 桶統 竈罩 橧曾去 亦作甑 匕比

調羹 匙時 筯住 同箸 筷快 刀 碪占 同砧 托

盤燈 檠_京 燈本作鐙今從俗 燭 金蓮 炬

篝_勾 燈罩 籠 火把 油 漆 丹

臒_戶 柴 薪 煤 炭 酒

篘_超 椶_宗 巾 榨_柘 籃_南 礱_戎 碾_展

碓_對 磨_{去聲} 杵_處 臼_舊 舂_冲 簸_播

𥬠_容 笔_老 一作栲栳 籮_螺 篩_腮 箕 筐_匡 筥_舉

⿱竹畾([illegible]) 筲(騷) 撈(老平) 籭(賽) ⿱竹析(折) ⿱竹屯(鈍)

扁担 風車 簍(摟) 籃 榼(合)一作盒

廚(除) 箱 櫃(魏) 匵(櫝) 繩 索

綯(桃) 絞(狡) 串 交椅(同倚) 桌 櫈(登去)

杌(兀) 炕(抗) 牀 枕(軫) 圍 墊(奠) 藁(狡)

薦(荐) 簾 幕 幃(帷同) 幔(墁) 竹夫

人 帽 架 梳（疎） 鎞（皮敝）亦作篦 古作比 妝（莊）

匳（連）俗作奩非 鏡 如 意 拐（怪上） 杖 雨 蓋

繖（產）俗作傘 翦 俗作剪非 尺 熨（意） 斗 鍼（真）一作針

綫（先去）一作線 鎖（瑣）本作鏁 鑰（約）籥同 鎖 尿同 匙（時） 烟 袋（代）

湯 婆 扇 套 溺 壺 斧 斤

鑿（濁） 錐（追） 扯（茶上） 鑽（專）又去聲 鋸（据） 銼（挫）

鉋（泡）一作刨 纆（麥）斗 規 矩 釘 鎚（垂）

鈎 鋼（江） 利 鈍（遁） 銑（仙） 砥（底）

磨礪（利） 斗 斛（赴） 升 秤（趁） 天

平 戥（等） 砝（法） 碼（馬） 算盤 籌（仇）

權 量（亮） 粉 牌 簿 樓梯（弟平）

彈（談）絮弓 機 梭（索平） 筳（亭） 杪（杳） 網（枉）

罩慄 罾爭 罟古 罝嗟 罘不 罛沽

簩窂 笱苟 斷短去 蓄蠏 釣吊 竿干 船蒜平

舟 楫節 艇挺 樺華一作划 篙交 槳奬

橈堯 櫓魯 縴欠 纜濫 桅危 篷朋 帆番

本作颿 鍿苗 橛厥 木 簰排 桴夫 筏代

槎叉 車 輪人 輦臉 肩輿餘 一名轎喬

軒（先）轅（袁）輗（泥）軏（月）鞍（安）踏（達）

鐙（登去）鑾（閉）韁（姜）鞭（邊）綏 策（冊）

盔（魁）鎧 甲 胄（佃）劍（建）戟（棘）

干 戈 矛（毛）槍（鏘）鎗（搶平）礮（泡去）俗作砲

銃（充去）弓 矢 箭（荐）弩（魯）拳（全）

棒（傍）棍（哀去）硝（宵）磺（皇）子 藥

鐵蒺藜　鐵菱角　烽燧（丰遂）　烟

墩（敦）　鈀（琶）頭　旗幟（職）　號令　耳

箭　營帳　窩（鍋）棚　火彈（去聲）　歕（笨平）

筒

珍寶

珍 珠 寶 貝 玉 瓊 瑤

璆求同球 琳 琅郎 玕干 環 珮

瑪馬 瑙老亦作碼碯 珊 瑚 琥虎 珀迫 硨又 磲劬

玳大 瑁冒玳亦作瑇 玟枚 瑰規 圭一作珪 璋 璧

珉民 璜 珩行 琇秀 瑩容 琖斬同盞

琛（深）賮（徇）琮（中）琤（爭）（玉聲）琪璀（揣）璨（粲）（玉光）

璠（凡）璵（于）璞（扑）玲（苓）瓏（農）珥（二）水晶

瑣碎（小玉）瑱瑕瑜雕

琢硃砂（一作朱沙）丹礫（力）玻（波）瓈（離）金

銀（一名白金）白鏹（搶）（銀也）琉璃（黎）雲母

空青（玉中有水可治瞽目一名石膽）水銀銅鐵（鐵銕通）

鉛（元） 錫 錢 一名青蚨亦稱阿堵物俗呼孔方兄 鈔（造）一名楮（肚）

又名幣 又名飛錢 宋有交子關子會子三名即錢票也 鍍（杜） 鑲（相）

嵌（砍平） 套 鐶 簪 釵 玩

剔牙籤 鉗（虔） 眉鑷（臬） 釧（串）一名鐲（濁）

鈿（田） 翠（猝）翹（喬） 耳挖 頂箍（孫）

璽（跣） 印 篆 符節 鐵券（犬） 券從刀不

字彙 珍寶二

從力

犀角　象牙　蓍草　靈芝

植物

梅（古作槑楳） 李 桃 杏 梨（離） 柰

木筆（亦名）辛夷（亦名）玉蘭（亦名）望春

茶（一名）玉茗（閩 白者） 紫荊 薔薇（强為 亦名）

買笑 丁香 海棠 荼蘼（涂眉）

木香 玫瑰（梅 圭桂）（一名）離娘草 罌（英）粟

一名阿芙蓉　瑞香一名頭腦花　山
杜鵑涓亦名映山紅亦名紅躑尺躅促
礬凡亦名芸香亦名七里香　牡丹一名
鼠姑一名花王一名富貴花　芍藥
一名婪巒尾春一名金帶圍紅心黃邊一名玉盤
盂于白者　木菫謹一名舜華一名舜英一名

扶桑　麗春一名虞美人一名百般
嬌一名滿園春一名仙人草　水仙
一名玉玲瓏一名淩波仙子一名金盞
銀臺一名波上靈妃一名女史花
木蘭　玉簪　棠梨一名杜　唐
棣一名郁李　石榴一名海榴　長

春

梔(箕)子　夜合　一名合歡　茉(末)莉(利)　一名萼(岳)綠君　蓮(以子得名)　一名荷(以葉得名)　一名君子花　一名芙蕖(渠平)　一名草芙蓉　一名淩波女　一名水宮仙子　一名菡萏(罕覃上)　(葉名)鴛鴦蓋　葵　一名一丈紅　一名側金盤　一名衞足花　蘭　一名王者香　一名國

香一名百草長一名香祖　珠蘭一名魚子蘭　蕙一名零陵香　萱亦作萲蘐一名忘憂草一名宜男草　紫薇　繡毬　夜落金錢一名子午花一名金榜及第　鳳仙一名金鳳子名急性子　秋海棠一名斷腸花　雞

冠花一名玉樹後庭花綉脚白花者翦春
羅翦秋羅一名漢宮秋狀元
紅桂一名木樨西一名九里香一名廣
寒仙一名金粟芙蓉一名木蓮一名
秋牡丹一名巧笑花扁匾菊一名蝴
蝶花菊一名延齡客一名笑靨鴨金

一名晚節香　一名金剛不壞王　老
少年　一名鴈來紅　蠟梅　沙果
一名林檎（琴）　一名來禽　櫻桃　一名含桃
一名火齊珠（聚）　萍果（北方物似沙果大如梨）　枇杷
一名盧橘　桑椹（甚）　泡圓（庖）　龍眼
一名驪珠（梨）　一名川彈子（淡）　葡萄（蒲桃）　一名冰

丸

荔（利）枝　荔下半從三刀，俗作三力，非

橘柑

橙（層）

香櫞（員）

臭枳（只）

柚（又）

獅（司）頭

柑

佛手

金彈（但）

木瓜

櫧（朱）

子　有甜苦二種

柿（字）　本作柹，俗沿柿已久，今從之。其實柿音沛，即木匠刨下木皮也

猴（侯）

棗（早）

又君遷（千）子　均小者，俗名牛奶柿

櫟（力）　一名

槲（斛）　一名

橡（匠）　其殼名橡椀，可染皁

白果　一名銀杏

使君

子　栗　榛詹有二種體圓而末尖者名尖栗小如指頂者名芧栗　胡

桃一名核桃　青果一名諫果　一名橄喊

欖覽　榧匪子　枳只椇具一名雞距具　甘

蔗許　葧孛薺齊一名地栗　一名鳬茈次　落

花生　菱同蔆角　雞頭菱一名芡欠實

一名鳫啄作　蓮子一名湖目　一名白玉

植物五

禪
松
柏 不作栢
柳
垂楊

槐
檀談
枏男 俗作楠非
梂求
桫梭
欏羅

枌汾
楡于
桑
柘許
杉
梧

檟嫁
桐
棉
椿
梓子
桔谷

楓
楝練
楷
榿衣
栘于
楸秋

榕
栴詹
花
櫚閭
檜怪
樟莊
豫

章樟也　樫稱俗名西湖柳　椶中作棕非　菖蒲

艾　葛　茱殊　萸于　芭巴　蕉　辟平入　火

蕉　美人蕉　蘆　荻　葦尾

葭加　茭咬　蓬朋　蒿嗥　竹　箭

笋筍同　茅　茨次　苔　蘚銑　莎梭

萍　芸　蓂明　莢結　蓍施　蓼了綠

義指 佞(亦名屈軼) 芣(抔)苢(以) 虎耳

月季 七姊妹 蔦(丁)蘿(羅)(一名)巴山

虎(一名)木饅頭 薜(皮入)荔 箬(同箬)

筠(云) 籜(托)(葉) 枝 椏(鴉) 條(調) 梗(更上)

榦(淦) 柯(哥) 兜(斗平) 根 株 杪(杳)

梢(筲) 葉 樹 葩(巴)

飛禽

鳳（雄者）凰（雌者）鸞（巒）（鳳青黃二色者）（一名）烏王（一名）

（一名）九苞（包）禽（琴）（一名）靈烏（一名）鸑（岳）鷟（簇）（小鳳）（一名）

鷫（夙）鸘（商）（鳳鳴）歸昌（又）足足（鳳毛）吉光

孔雀（一名）文禽（一名）越鳥（一名）南客

鶴（一名）胎禽（一名）仙人騏（其）驥（記）（一名）白雲

司 一名九皋交處士 一名丁令平聲威 野

雞 一名雉治 一名華蟲 一名雊姤 雉鳴 又名鸐天上

錦雞 綬受帶鳥 白鷴咸 鸛貫

水鴨押 一名鳧孚 一名鶩務木 一名鷗歐 鸚英哥歌 一名

鸚鴞母 一名鸚鵡 亦作鸚武 一名綠朝雲 一名慧會

烏 一名辯便哥 俗呼鸚哥 雪衣娘 白鸚哥 瓦

雀却 麻雀　倒挂卦鳥 一名桐花鳳鳥

鴉 一名慈鵶 同鴉 八哥 一名鸜瞿鵒浴 一名秦琴

吉了 大而能言者　子規圭 一名杜宇土去 一名鶗啼鴂決

一名杜鵑捐 一名望帝 一名蜀孰魄迫 一名思歸

鳥　鷓柘鴣姑 名鵓勃鳩 一名斑班鳩 羽有花點者

鴿葛　鴻洪 大鴈　鴈 亦作雁　鵠谷 或云即天鵞　練連去

雀 鳶(宛) 鷹(英) 一名隼(准) 一名鸇(占) 一名鷂(曜) 一名

晨風 一名鷙(至)鳥 天鷲(訛) 一名雪女 一名

鴐(加)鵞 鶖(秋) 鶬(倉)鶊 一名黃鸝(狸) 一名倉

庚 一名金衣公子 滴(的)溜(流)溜(鶯聲) 又

睍(險)睆(浣) 燕 一名紫乙 布穀 一名黃

褐(合)侯 一名戴勝 一名鴶(吉)鵴(菊) 鶕(安)鶉(純)

啄木作 鶺積鴒伶古作脊令 畫眉 鴉一名

喜鵲 鶡曷旦一作盍旦 一名號噑寒蟲 白

頭翁 沙和尚 鵬朋 鵾昆 鷦焦

鷯聊 一名桃蟲 一名蠛萬入雀 一名巧女 蠟辣

嘴醉上 一名桑鳸戶 鵰雕同 一名海東青

鷽岳 一名雎疽鳩 一名魚鷹 鷺鷥絲 信

天翁 食魚而拙於捕魚專俟魚鷹遺失

鸕（奴）鷀（絲）

鳧（孚）鷖（衣）

鴛（淵）鴦（央） 一名比翼 一名相思鳥 一名碧（璧）衣

女子 一名翡（匪）翠（碎）

鶻（骨）

鸂（溪）鶒（尺）

精衞（未） 孝鳥昔有人航海溺死其女慟死化為鳥啣石填海

鴟（痴）鴞（曉平） 食母鳥 一名鵂（休）鶹（留） 一名貓（苗）頭 一名梟（曉平） 一名鵩（服）

鸒 一名舒

鴈

鴨（押） 一名舒鳧

雞 一名翰（汗含）音

鵷鴛雛俎 鳳類　鴆端審 毒鳥　竹雞　泥滑伐

滑 竹雞鳴　雌此平 母者　雄頌平 公者　雛俎 子　抱暴

蛋淡 亦稱伏卵　乳二 哺子　鳴　噪罩　囀轉

啼 嗁同　叫驕去　嚶英　翩偏　翻番　噰雍

喈皆　噦肺　翱敖　翔祥　集　飛騰滕

巢　棲　宿　翥主　翅滯　翮格

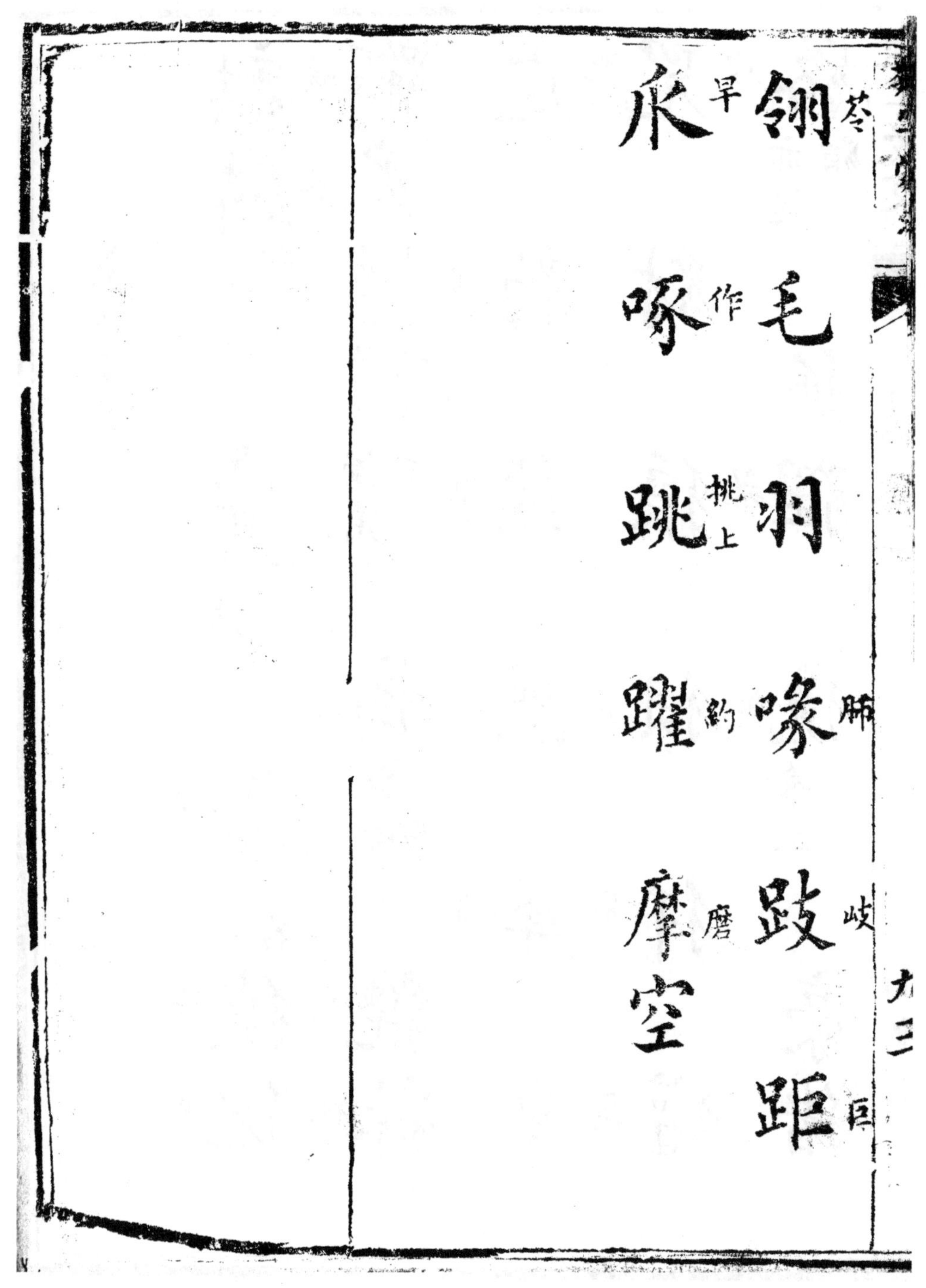
翎苓 毛 羽 喙肺 跂岐 距巨

爪早 啄作 跳挑上 躍約 摩磨空

走獸

麒麟 亦作騏驎　麐 古麟字　獅 司 一名狻猊 詮宜

獬 駭 豸 豸 豸亦作廌獨角獸能觸奸佞　騶 聕 虞　貔 皮 貅 休

虎　豹 報　熊 雄　羆 皮　犀 須　象

兕 洗　豺　狼　狽 貝　犴 鼾　貛 鼾

貉 壑 亦通貊　狐狸 離　獍 敬 食父　豪豬

獺塔　猿本作猨　一名山公　一名野賓　一名狙祖

公　一名胡猻孫　一名果然大者　一名狖又小者　一名

猴侯　猩星猩　一名野人　一名山笑俗稱人

熊　鹿　一名斑班龍　一名茸戎客　麈主鹿大而尾

毛可為帚者　麋眉鹿之產於澤中者　麀攸牝鹿　麌女牡鹿

麕君牡者　麛眉鹿子　麞章鹿類　麂几小麞

麝射 臍下臍子香可入藥
馬
駿俊 良馬
驥既 善馬

驊華 騮留 駿馬
綠耳 亦作騄駬駿馬
駑奴 駘台 馬之下者

騍顆 牝馬
駒 二歲馬
驖帖 黑馬
驪黎 黑馬

騂辛 赤馬
騋來 馬七尺以上
驢閭 馬類
驘羅 同騾

駱洛 駝沱 背有肉峰亦馬類
犢獨 子
特 未長成者
騎

騸扇 去勢
駟四 車駕四馬
驂川 車駕三馬
馴旬 順也

馳池 騄兆 騰滕 驤相 騁品 驅區 驕

嘶司 銜咸 轡閑 鬉宗頸毛鬃同 鬣列脊毛

驛亦 犬 一名尨忙 一名盧奴 俗呼狗 一名獒敖高四尺者

瘋丰 一曰癲顚 一曰猘志 一曰瘈契皆狂犬不可近 獫險犬喙長

猲歇犬喙短 吠犬叫 噬市犬齧咬人 狺銀亦作⿰犭斤犬張牙作欲噬狀

嗾湊呼犬使前噬物 豕俗呼 豬俗作猪 一名豚豕子 一名剛

鬣（列）一名彘（雉）一名豨（希）一名腯（突）肥　豶（汾）去勢

豭（加）牡　貗（婁）牝　牛　一名太牢　一名一元大

武　㸸（沙）牿（古）牡　牸（字）牝　犍（堅）去勢　犂（黎）雜文

吳牛　即水牛　羊　一名少牢　一名柔毛

羖（古）牡　牂（莊）牝　羝（低）牡　羔（交）子　羜（住）肥　羯（結）去勢

羚（苓）角小　貓（苗）一作猫　一名貍奴　野猫

果子貍　鼠　耗（效）子 北人呼鼠　鼯（吾）飛鼠

鼦（刁）貂同　鼷（希）小鼠　牝（品）母獸通稱　牡（某）公獸通稱

犧（希）牲　羣　牧　芻（祖）豢（宦）　羸（雷）獸瘦

餧（畏）養 飼也又餧一音餒 論語魚餧肉敗

鱗介

龍

元黿 俗呼癞頭黿 一名河伯從事 國朝封定江王

佗鼉 俗稱猪婆龍

蛟

梨螭

撒鼈 亦作鱉 俗呼團魚或腳魚

歸龜

一名元衣篤督由郵 大龜曰蔡

下平鰕

羅螺司螄

傍蚌

亦稱恰蛤

審蜃

險蜆

稱蟶

干蚶

旁螃海蟹 一名含黃伯 一名無腸公子

彭蟛其蜞

小者

蠔(毫)石 淡菜之大者

蛼(車)螯(遨) 六跪二螯者

蝤(囚)蛑(牟) 兩螯最利能斷物者

淡菜

海蜇(折) 一名水母

江瑤柱 一名海月

鮑(暴)魚

土蛭(蝶)

江豬 一名江豚

鯉

銀魚 一名膾(桂)殘魚

白魚 一名陽鱎(鮫)

鯇(晚)

鱤(敢) 俗作鰔

一名鰥(關)

鯽(即) 一名鮒(附)

鰟(旁)魮(皮) 即婢妾魚賤也

鯿(邊) 一名魴(房)

鰱

一名鱮序 鱅容 狀全似鰱頭較大俗呼鰱胖頭 鱒慈 俗呼赤眼魚 鯼宗 俗作鯮非

鱖桂 鱸如 鰣時 鱭濟上 俗呼刨皮魚 [illegible]滄 本作[illegible] 一名

鰷條 一名鯈由 鱵針 喙前有刺如針絕似銀魚 鯊沙 俗呼船矴魚 黃

花魚 即石首魚乾之即白鯗腹中鰾可作膠亦可入饌充魚肚 比目 一名鰈迭

一名鰜兼 一名王餘魚 俗呼鞵底魚 七星魚 一名

鱧禮魚 俗呼烏魚 黃魞札 似鮎而黃 一名鱨 俗名黃牙頭 鰻瞞 鱺梨

無鬚者名白鱓

鱓善俗作鱔非 鰌秋俗作鰍非 鮎言俗作⿰魚嚴非 鰋偃一名八髭者俗稱談魚腦內有紅肉如石榴花尤毒

黃魚 鱣砧一名 玉版魚一名

鯖精俗呼青魚 鱘巡 鮪尾一名 尉尾魚一名 仲明一名亦稱

王鮪 鼇遨一作鰲 鯨澂 鯢泥鯨之雌者 白

鱀及既上身有乳似婦人 墨魚 烏鰂側一名 沙魚海中大魚

河豚名鱁鯸 鱷咢 鱟學效 鯗响 鮺詐本作鮓藏魚

止

昆蟲

傳 勇 退

蠶一名馬頭娘 繭中曰蛹 脫下空殼曰蜕

訛蟻 丰 飯 少

羽化曰蛾 蜂本作蠭 一名范 一名瘦腰郎 一名

裸 螺 明 苓 捺 夾 送

蜾蠃 一名螟蛉 蜜蠟 蛺蝶

迭 青 亭 盈 文

古作胡蜨 胡俗作蝴 蜨同蝶 蜻蜓 蠅 蚊本作蟁

內 息 易

一名蜹 省作蚋 壁虎 一名守宮 一名蜥蜴

蜘蛛朱 蟢熙子 螔司蝓于即蠨蛸 螢容一名熠頁

燿一名燐林 蟻同螘古作蛾 蝙匾蝠福一名簷延鼠暑

蟷堂螂郎 蜣羌蜋郎 蟬禪一名蜩條一名螗堂一名

寒螿將一名齊女 蠍歇省作蝎 一名蠆菜 虺毀灰

蛇 蝮福 蛙哇 蝦遐蟇麻 蝌科蚪斗

一名螻柔蟈國俗呼水雞 蟾禪蜍余即癩蝦蟇 蜈吳蚣公

蜮亦 一名射社工 馬蝗皇 一名水蛭迭

蝨色 一作虱 蟣箕 虱子又馬蟦亦名蟣 臭休去蟲 一名蜰肥 一名蜚非

俗呼扁蟲 亦稱壁虱 蝨同 蚤 俗呼疙根入蚤

蠹妒魚 一名蟫淫 一名白魚 脉墨望 蠹魚三食仙字即化

為此 鞠菊通 古琴中蠹魚名 阜浮去螽中 一名螽斯 大者曰蝗皇

小者曰 蝻南 蚱仄蜢猛 蝗類 一名馬蚻扎 螟民螣特

蟊牟賊 蝟未 一名刺鼠暑 油蟲 一名茶婆 土鱉別 俗呼地腳爵魚 蟋戌蟀卒 一名促竹織職 一名莎蓑雞 一名斯螽 蚍皮蜉浮蝣由 蚰由蛔回 即蝸牛之無殼者俗稱鼻涕蟲 蛆妻 一名五穀簇蟲 蚯邱蚓引 一名蟮善 或稱曲蟮 蝸鍋牛 一名蠻觸 莊子蝸生兩角為蠻觸二國 蚨夫 一名子母蟲 蠛密蠓夢上 一名

醯雞 盈蠅虎 掩蝘蜓即守宮 古蠱腹中蟲 莽蟒

大蛇 漂螵 消蛸俗呼尿婆奶 注蛀蟲傷 食蝕蟲傷 丸宛延蜿蜒龍行狀

盤蟠屯住 及蟄藏匿 戶蠖小蛇 而蠕蟲動貌 忖蠢蟲動貌

清師竹齋主人重訂

重訂類字蒙求

南昌廣文書店木刻本

本書據『南昌廣文書店木刻本』影印

類字蒙求

南昌廣文書店藏板

陳士業集

舊有類字蒙求二册　燕果安先生刻之頗便童蒙檢閱鄉塾中幾於家置一部惟原書專取便俗間有鄉市相沿字樣為字書所不載者又名物中或本一物而分為二或本二物而合為一此皆原書之誤刊時未及改正皆未便據為確解用是不揣譾陋旁證字書去其譌偽太甚者而常用之字或有未備亦隨類補綴之至原書二十六類每類惟標二字為目字多蔓引牽連旁出目或不能統攝蓋為初學識字而設不能責以體例令以其旁涉過多者於類目下增以坿類使稍分眉目大體一仍其舊博雅君子或誤

以小學家相繩則猶持杯水而問滄海也又豈知先生嘉惠初學之意哉

師竹齋主人識

首册總目

次册總目

天文時令卌

天　穹蒼天也穹言其形蒼言其色　霄近天氣　日

月　雲　靉靄雲貌　風　標飆扶搖風　颸

涼風　飉飂高風　雨　霖雨三日以往　澍時雨　霢

霂小雨　滂沱大雨貌　雷　霆迅雷　霹靂

迅雷　震霹靂振物　電　虹雲氣似龍音洪亦音絳　霓雌虹通作

蜺

蝃帝蝀虹也霞赤氣霧煙烟同霾陰氣風揚

塵也露霜雪霰線稷雪俗稱雪子雱雱旁

雪貌雹雨冰河漢星辰紫微

太微天市以上三垣天樞天

璇天璣天權玉衡開

陽瑤光以上北斗七星角亢氐

房心尾箕斗牛

女虛危室壁奎

婁胃昴畢觜參

井鬼柳星張翼

軫（以上二十八宿）啟明（先日而出）長庚（亦稱太白後日而入）

南極老人（主壽考）文昌 農丈人

主稼穡

婺 須女四星一名婺女

彗 妖星亦謂之孛馬端臨謂彗長如埽帚孛光芒短而四出

垣 躔 宿 度 歲序

年 節 時 春 夏 秋

冬 孟 仲 季 閏 伏

臘 社 朔 月之始日 望 月滿與日相望如臣朝君也經典通作望

弦 半月之形如張弓施弦也 晦 月盡 晨 旦 曉

朝　蚤早同　昧爽即黎明　晝　昏唐避太宗諱改作昏

暮　晚　夕　夜　陰

陽　晴　霽晴　霉晦壞　明　暗

寒　冷　涼　溫　和　燠欲暖也

煦許溫也　暖㬉煗煖竝同煖亦音萱仍訓溫　暑　熱

甲閼逢　乙旃蒙　丙柔兆　丁彊圉　戊著雍　己屠維

三

庚上章　辛重光　壬元黓　癸昭陽　子困敦　丑赤奮若

寅攝提格　卯單閼　辰執徐　巳大荒落　午

敦牂　未協洽　申涒灘　酉作噩　戌閹茂　亥大淵獻

建　除　滿　平　定　執

破　危　成　收　開　閉

立春　雨水　驚蟄　春分

清明　穀雨　立夏　小滿
芒種　夏至　小暑　大暑
立秋　處暑　白露　秋分
寒露　霜降　立冬　小雪
大雪　冬至　小寒　大寒
上元正月十五　中元七月十五　下元十月十五

上巳 端午亦稱重五 七夕 中秋

重陽亦稱重九 除夕 正征歲首稱正月秦以始皇諱政避讀征後世仍之

豐年 凶年荒年 饑穀不熟 饉菜不熟

薦饑仍饑曰薦

地利

山　嶽通岳　泰東嶽亦名岱　華畫西嶽　衡南嶽　恒北嶽俗作恒

嵩中嶽亦作崧　崑崙　峨嵋　嶺

峯　巒　嵐山氣蒸潤也　翠微　岫

島字典作島　岵　屺　岑　巖通作嵒喦俗作岩

崖說文訓崖高邊也厓山邊也今山崖字皆作崖　岡　陵　阜

部剖 婁篓 小阜也婁通塿 崔嵬高 巍峩高 岧嶤

陡高 卓 崇高 嶐 峻高 崛 巉特起

峭 崒高險 嵂 崎高險 嶇 岐山路不平 岐岐路

巔山名 峽山頂 谷巫峽山名又山峭夾水亦曰峽 瀑僕布

泉山上飛泉懸如布也 水 海 江澥同 淮

河 漢 汝 泗 洙 汶問

濟音擠，水名。音霽，涉也。湘潭洛漢以火德王，忌水，改作雒。川湖鄱陽即禹貢彭蠡，在江西饒州府。洞庭在湖廣岳州府。青草在洞庭之南。丹陽即練湖，又名練塘，在江南鎮江府。太湖即禹貢震澤，在江南蘇州府。以上五湖。徒駭太史馬頰覆鬴胡蘇簡絜鉤盤鬲津以上九河。溱

淯　涇　渭涇濁渭清二水合流不雜　潮早潮　汐夜潮

波　瀾　濤　浪讓波也又滄浪水名讀平聲　漲

派　洲　渚　灘　灣　浦

澗　陂　渠　谿壑　池塘

淵　澤　汀　沼　圩　隄　閘

壩　壋　堰　防隄也　岸　崩塌

傾圮（以倒壞）衝潰塡築壅塞（色塞又音賽）

（邊界也）浸潤灌注淹流

湍（急流）瀨漓溢汩沒（俗作没非）

汪洋（大水貌）浩瀚（同上又瀚海）湧濫

淄漫（瞞幔）滿滾漂泛

（通汎）沈（陳又音審姓也）浮漚（謳去久漬也又音謳水上浮漚也）漬（恣）

浸也

拋泡水上浮漚　深　濬音浚又通作浚深也　淺

涸水乾也　瀠　洄瀠通瀯水回旋也　倭渦水坳　秋湫瀝瀑水曰龍湫又音剿湫隘

渟止水　清　澂澄同　湛登也又音陳與沈同史記司馬相如傳湛恩汪濊俗多誤讀

分渾濁也又音粉渾厚　濁　渣

滓　泥　滑　行潦路上流水　港

洞　冰　津　渡　橋梁

郊野 原隰（廣平曰原 下溼曰隰） 土壤 田

畎畝 溝洫（田間水道） 澮（注水於溝曰澮） 塍

畔 壕圳 磽瘠（瘦） 膏腴（肥美）

園圃 囿 畦 藪 籬塹

村莊 鄉黨 鄰里 基址

堡隖（午） 場 井 市鎮 街

肆　坊　衚衕京都小街　墟　墓

墳　塋　塚　壙　碑碣　邱隴

隴通作壠

道路　塗同途　險隘　滑澾

坡　阪坂同　墈　坪　窖穽亦作陷阱

阬坎阬同坑　平坦　關卡　棧

道　塵　埃　塊　礫　沙

石 邊塞 疆界 東 西

南 北 中央 廣 狹 長

短 縱 橫 曲 直 旁

側 上 下 高 低 燥

溼俗作濕非 遠近 延 袤茂

遐陬 僻壤 岱輿 方壺

九

員嶠　瀛洲　蓬萊 以上五山云在渤海之東為仙聖之所往來見列子

人倫外戚坿

君后尊長臣子卑幼鼻祖人之懷胎鼻先受形故謂始祖為鼻祖高曾祖一稱王父一稱大父父母嚴父慈母考父死稱妣母死稱爹父也又音雅平聲羌人呼父也爺俗呼父也本作耶娘俗呼母也孃同媽母也又讀若馬平聲

奶 此俗字也字典不載惟嬭字音乃乳也又音禰母也

翁 妻稱夫之父亦稱爲舅

姑 妻稱夫之母又父之姊妹亦稱姑

公

婆 俗稱舅姑爲公婆

伯

叔

兄

弟

昆仲 昆亦作晜

姊 女兄

妹 女弟

姐 蜀人呼母曰姐今俗弟呼女兄曰姐

哥 古歌字今呼兄曰哥

嫂 別作嫂又作嫂

姒 兄妻

娣 弟妻

妯 逐 娌 里 兄弟之妻相稱

姆 本與姥同女師也又弟妻謂夫之嫂曰姆

嬸 妻呼夫之弟婦曰嬸故俗稱伯叔之妻亦曰姆曰嬸

妻

婦 細君 姬 姬本周姓其女貴於列國之女故婦人美號皆稱姬

妾 側室 如君 尊稱人妾 良人 稱夫

配偶 伉儷 男 兒 孩

童 崽 江湘之間言子曰崽崽音宰又音顋 女 嫒 俗稱人女曰令嫒案字典無嫒字當用愛

孿 孿上雙生 克家 肖子 跨 夸去 竈 子勝父

媳 子婦 孫 子之子 曾孫 孫之子 元孫

曾孫之子

來孫 元孫之子

晜孫 來孫之子晜同昆後也

仍孫 晜孫之子

雲孫 仍孫之子

耳孫 言不能目見但耳聞也

姪 古止對姑言釋名姑謂兄弟之子曰姪後人以為猶子通稱

猶子 兄弟之子

宗族

外戚

婚

婣 婣同姻

姻

婭 婭通作亞

舅 妻稱夫父子稱母之兄弟

外舅 壻稱妻父故俗稱妻之兄弟曰舅子

外姑 壻稱妻母

壻 女之夫也妻謂夫亦曰壻

郎 妻或謂夫為郎故俗亦稱壻為

郎

甥 壻亦稱甥孟子帝館甥于貳室是也又姊妹之子曰甥

姨 母之姊妹曰姨又妻之姊妹同出為姨同出謂俱已嫁者今惟以母姨妻姨別之

私 女子謂姊妹之夫為私詩曰譚公維私

友壻 一稱僚壻俗稱連襟又爾雅兩壻相謂曰亞

妹壻 妹之夫也東齊之間謂壻曰倩故亦稱妹倩

內兄 妻之兄也姊妹之夫與妻之兄弟皆可稱為兄弟對兩編盧綸於李益為內兄劉克莊詩李益盧綸外弟兄

眷屬 **朋友** **師弟**

生徒 **受業** **門人** **小門生**

門生 門人

晚學生 門生 子

後學

交游

身體 疾病坿

身分 體態 形骸 容貌

頭顱 首級（急）（秦人尚首功以斬敵人一首爲一級） 腦袋

顖（信）門（顖古作囟） 天庭 額角 眉

目 眼睛 瞳 睫（目旁毛） 眸（瞳也）

矇（有眸子而失明） 瞍（目無瞳子） 瞎 瞽 短視

亦稱近視

鼻　隆準拙高鼻　耳　聰　聾

瞶聾也　重聽聾　面　臉　靨厭入

頰結面旁肉　顴權面旁骨　顖腦蓋　顰皺眉　口

觜追上或加口旁　脣　舌　牙　齒　齦懇齧骨

齩同咬　齧臬　齗銀牙根肉　齟祖　齬吾語齒不相值　嚼

喫食也　吃絆舌　喉　嚨　咽焉頁喉　頭

頷頤頷　頦頤下俗稱下包　顋頰顋俗作腮　胡頷肉下垂者即頷也

胡須胡上毛也俗作鬍案字典無鬍字　須背毛俗作鬚　頿生上脣或作髭

髯生頰下即連邊須也或作髥　髮　髦髮也　鬢耳邊髮

辮遮　髽髻髽喪結也儀禮士喪禮婦人髽於室今俗以小兒束髮為髽髻　髿沙

一作髿鬖髿髮美也又髮垂皃今俗以落頂髮為髿頂　鬝髮禿　頸　領

項　肩　髆　胷　膺胷　背　脊

膂（脊骨） 脅（雲）（脇同） 腋（亦）（左右脅之間） 肋（勒）（脅骨） 肱（臂上）

肘（臂節） 臂（腕以上也） 腕 脈（本作衇俗誤作脉） 手

掌 指 拇（大指亦稱將指又稱巨擘） 食指（二指）

中指 無名指（四指） 小指 筋

乳 肚 腹 臍 心 肝

膽（俗誤作胆） 脾 肺 膈（胷膈心脾之間） 胃

十四

腰 腸 腑臟 脬 腹中水府 膀胱

肛 腎 囊 臀 股 髀 股也

骽 腿本字俗謂股為大骽 膝 脛 膝下骨 臁 連 腳

俗作脚非 足 跟 根 踵 後跟 爪 甲 屎 本作矢詩

殿屎音功兮伸吟也說文作唸叩 溺 尭去 尿本字又音溺沈也 糞 出恭

北人呼拉弓 痰 涎 本作次 津液 亦 涕洟 移

唾 泣 淚 汗 氣 血

骨髓 肌 膚 皮 肉 脂

膏 膜 垢 膩 肥 瘦或作瘦 瘠

判
奋集韻大面曰奋與肥義相近俗誤用胖案胖音盤安舒也音判半體肉也無訓作肥者

短 矮 老 少 壯 長

槃
頎 疾 病 咳 嗽咳本作欬 呻 吟

痛楚　疼同痛　癢亦作痒　萃瘁　樵憔

萃悴顦顇同　勞困　健旺　康强

爵矍　索鑠　鞕硬本字　輭軟本字　帶平呆　犴憨

厓獃騃同案騃無平聲　癡　盆去笨滯也　蠢亦作惷不遜也

惷音撞又音衝愚也與惷別　累贅　疣贅疣　英癭　流瘤

音瘖啞也　雅瘂不能言也啞同　駝本訓駱駝其背隆高故背曲者亦稱為駝俗作駞案字典無駞

十六

字

跛 足偏廢也 俗呼拐子

蹩撇 跛

躄辟 跛

瘡

疥

癩奈

癘利 瘡疾也 又疫氣

瘋

癰雍 陽毒

疽 陰毒

疔

癤

毒

痱肺 子 熱生小瘡 俗稱噴虱

痘

疹枕

痲麻

痂 瘡殼

瘢 瘡痕

斑

疤

痣

痕迹

膿

癮引

癖 瘕也

痞丕上 腹內結病

癥徵

瘕加假 腹內積塊

瘰磊

癧力 痰核

瘧

痎二日一發瘧 疶腹瀉也泄洩竝同 瘌 膨脹

蠱 痔 癆牢 瘵菜 癇慳 驚悸季

怔忡心跳 皸軍手足凍裂也 悶門去 痾疴同 疢病

疢病 痊詮 瘳秋 愈 香 臭

臊騷 羶參 腥 胞胎 孕 產

生育 分娩免 鼾汗平聲睡 魂 魄

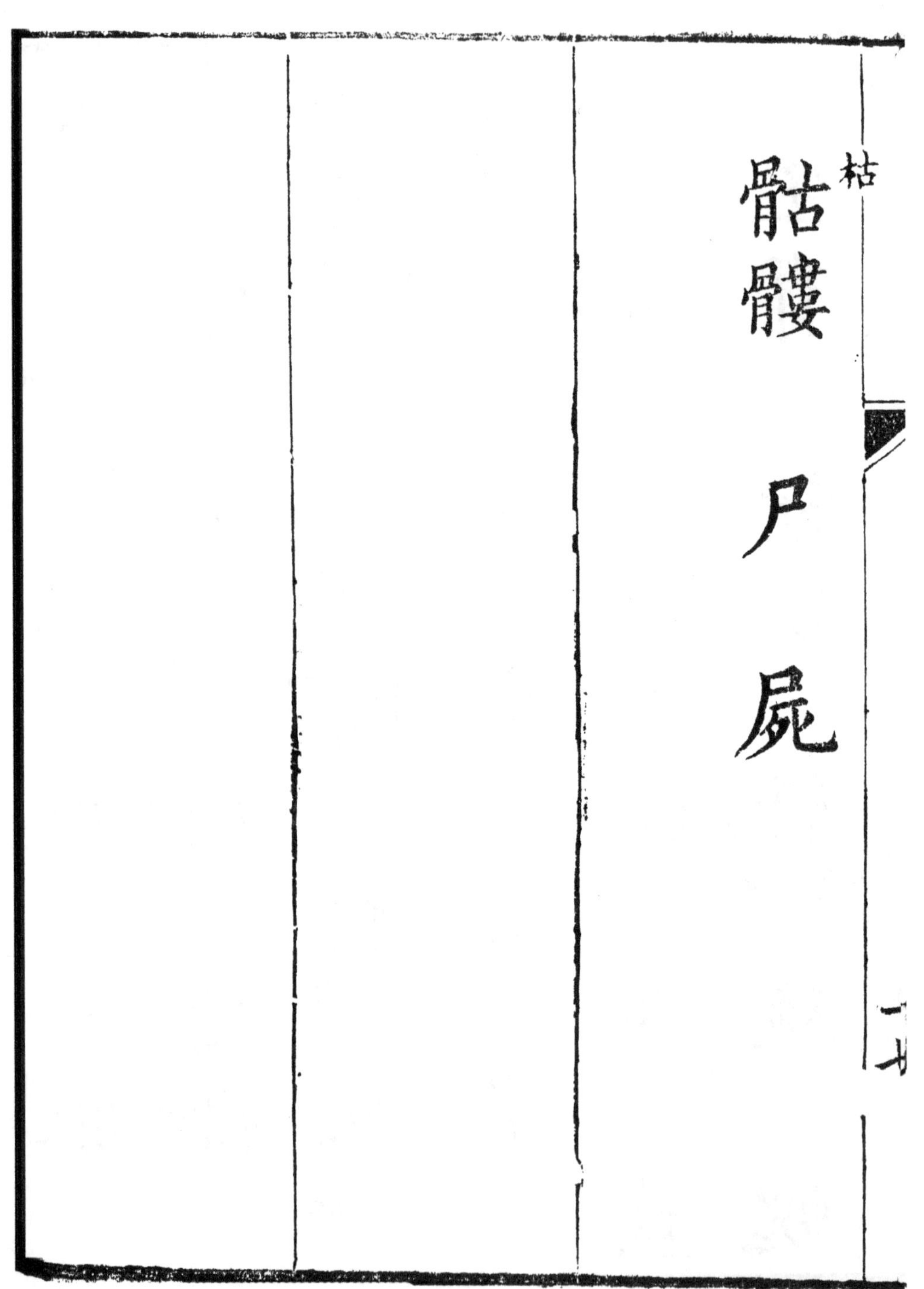

枯

髑髏 尸屍

十七

性情品行坿

孝弟 忠信 禮義

廉恥 智仁 勇毅

剛方 正直 果敢 精明

粉

渾厚 寬柔 慈惠 和平

愷悌 勤儉 謙讓 恭敬

遜順　謹慎　質樸　誠實

馴良　慷慨　豁達　豪爽爽俗作爽

端慤恪　操持　把握　忍耐

涵養　修行　貞潔　節烈

才能　功業　恩德德一作悳　陰騭

聰慧　穎悟　敏捷捷俗作㨗　博雅

乖巧　伶俐　快速　緊急（緊俗作緊）

喜樂（洛）　歡欣（一作懽忻）　悅慕　愛憐

嗜好（孝）　係戀（係同繫）　嬉笑　詈

罵　怨怒　忿懥　嗔嫌　憤

恨　憂悶　愁苦　悲慟　嗁（同啼）

哭　號（豪）咷（桃）　哀傷　悽惻　慘

怛　猜疑　忖度寸上唐入　釁隙　慙

愧愧本作媿　羞辱　畏懼　忌憚

驚駭械　怕怯　庸懦　迂拙

懈泄異　懶同嬾惰　疲玩　倦怠

遲緩　輭弱輭俗作軟　糊塗　陋劣

脫略　頑耍　戲謔　佻達

輕狂　傲慢　猖獗　謬妄

偏僻　涼薄　驕奢　淫佚

放蕩　靡麗　繁華　侈汰

安逸　拕（妥平）蹹（同踏）（拕或作拖）　謟媚　逢迎

阿諛　誇獎　干謁　奔競

攢刺　便（平聲）佞　詐偽　詭譎

陰險　奸滑　刁健　狡交上獪怪

欺謾滿平　誑廣騙片　哄洪上嚳掣俗亦作欺誑解案字典無嚳字哄音閧衆

聲也　賺贊　揹肯去揹俗以為持住也字典無此字　鏖訛　圈套

唆率　干犯　姦宄　讒慝

譖愬　顛倒　溷紊淆　蒙混

影射　詛咒　盟誓　詼諧

譏誚　謗毀　訕議　謠言

吹索　侵漁　妒嫉　尖刻

褊淺　慳吝　鄙嗇　俚俗

猥委褻屑　眷注　迷惑　寃枉

讎仇　抑勒　貪婪嵐　凶暴

殘酷　苛虐　强悍　悖逆

三

跋扈户　僭亂　反叛　挫折

悔悟

人事

耕 古作畊　耘　耨（漏）耘也　薅（蒿）拔去田草亦耘之類　耔（子茲）壅苗本也

穮 覆種也　種（眾）植也又上聲穀種　栽 植也　插 刺入也俗作揷

播 布也　蒔（侍）立也又更種也亦音時蒔蘿也　滋培

灌溉　穫 收也　割　刈 割　築場 俗作塲非

納稼　織 作布帛之總名　紝（壬忍）織也同絍　紡 網絲也

緝七 續也又續也　紉人 續也　績 緝也詩不績其麻又功績　絞

絢 絞也　經 直絲　緯 橫絲　綜 列女傳推而往引而來者綜也　裁

縫　補　刺繡　採桑　飼

蠶　繅 同繰　絲　煮繭　染采　踹

布　言語　談 同譚　話　問　答

應對　祈請　禱祝　視

聽平去二聲 觀 瞻 顧 盼 眺 望

坐 起 行 走 跳迢蹶也躍也又音調行貌凡跳梁跳珠等字皆爲平聲 躍 跨越也 越 跑音庖足跑地也又音雹秦人謂蹴曰跑俗以為拋去聲 蹴 蹋 追 趕 逃

遁 避 匿 尋 覓 轉 旋 寢

臥 宿同宿 睡 寤覺也 寐昧也目閉神藏 夢

本作寱

囈夢語　覺各告　醒星省　醉　飽

飢餓　餒餓　殣餓死　殍或作莩　煩渴

饕好平餮貼　貪財曰饕貪食曰餮　餔啜　餂　啖

呼吸　號平聲　呺呺一作叫　喧閙　喘

息　澣同浣　濯　沐濯髮　浴洗身　洗　滌洗一音顯

前也

櫛理髮　薙替髮薙或用剃　投贈　餽同饋送

餉　饁餉田食也　攜帶　提拔

扶持　賙濟　引導　誘掖

獎勵　勸勉　教誨　率循

督責　仰慕　學習　師承

規諫　從善　改過　戒淫

繫維　束縛　砍坎劈　剗同剷又通鏟

刨削 剛剔 剉斫 彫琢

鍛鍊 銷鑄 磨礱 箍沽紮

攛掇穿答 攪擾狡 搲蛙上手取物 舀窈以爪持臼也挹彼注茲之稱俗謂舀水舀湯

撮三指取物 捻臬指捻 捏臬捻聚也 撚冉以手撚物

挼儺同挼兩手相切摩也 拈軟平兩指取物 拋擲也 擲棄也

折斷之也 拆裂也 投贈也又棄也 抖擻叟舉貌

抓 搔也俗讀遮
搔 搔爬
掐 恰 爪刺也
打
扑 打也
擊
敲
扛 對舉
擡
扮 班去 裝扮
扳 音班又與攀同
撦 俗作扯
攀 自下援上也
援 袁院 牽引
抄 同鈔
掬 屈掌
抔 裒 掬
批 擊也又示也
披 開也
抱 說文作裒
拂
拭
抹 塗抹
揩 楷平
拍
按
扣
拘
箝 同拑
括 包括
拗 奧 俗作抝非
拉 臘
拷

掠也
掠
擄
撈一作搜
掙諍刺也俗作用力解
掣曳也又揭也取也
推
挽
掩同揜
拕
挑
挖韈
掘
揪同揫
扭手轉也
掀
高舉也
探貪遠取之也此字雖有从聲而詩韻不載
拾
捋
搓
挪儺
揉婁順也揉之使順善也
掂顛以手稱物
捩列
亦作捌以手折物
揮
摩
搖
撼
捊

摇也 也

擺 別

抉 决

摘

摑 批也又掌耳

撕 提撕又析

撇 別

撐 瞠 俗作撐非

撥

撤 去也

撻 打也

撞 倉丈

擣 搗同

撒 柵

撿

攤 淡平

攔

攮 郎朗

攬 同擥 俗作攬非

挨

擠

擔 丹

捉

挈 提挈

捫

撈 水中取物

摸 莫

摳 口平

拏 通作挐 俗作拿

搦 踏匿 捉搦

搬 盤 即擊字擊攫不正也今俗音般作搬移搬演字

搶 槍上

十六

捸　搭

攫 撲取也

摶 圜 以手圜之也

搏 索持也 又擊也

搴 亦 拔取

換

描

摹

挂

挹

夯 堅上 擔夯人用力以堅舉物也 北音讀如抗俗讀抗平聲

抗

拒

阻

撓 婁擾

攪 暫平 雜

湊 起去 添

找 音華與划同俗 音爪補不足也

拐 乖上 俗以為拐騙也

擂

擦

爵位

皇帝 天子 陛下（被） 皇上 以上皆臣民尊奉之稱

朕（鄭）自稱 予一人 自稱 予小子 祭告自稱

太上皇 天子之祖 上皇 天子之父 太皇太后 天子祖母

太后 天子之母 皇后 天子之妻

貴嬪（頻） 貴妃（非） 婕妤（接余） 貴人 俱內官名

十二

太子 天子之長子亦稱儲君一稱東宮又稱青宮

皇子 天子之庶子亦稱儲貳統稱阿哥

公主 天子之女

駙馬 天子之壻

親王 天子之兄弟

福晉 親王之妻

郡主 親王之女

郡馬 親王之壻

郡王 較親王略疏

貝子 背 較郡王略疏

貝勒 助 較貝子略疏

宗室 貝子以下宗屬

蘇拉 挪平 親王家丁

包衣 親王用人實係撥役二字乃宗人府撥來供役者北人無入聲故訛成此二字

公

侯

伯子男五等封爵宰相今稱大學士一稱中堂一稱相國一稱相公一稱元老一稱上公吏部古稱天官一稱銓部亦稱選部尚書古稱冢宰侍郎古稱少宰總稽勳司郎中稱司勳勛員外郎稱南曹古稱戶部地官一稱民部一稱農部尚書古稱大司

徒亦稱大司農侍郎古稱少司徒亦稱少司農禮部古稱春官亦稱祠部亦稱儀曹尚書古稱大宗伯亦稱秩疾宗侍郎古稱少宗伯郎中古稱南宮舍人亦稱中儀員外郎稱少儀兵部古稱夏官亦稱樞區省亦稱武部尚書古稱大司馬亦稱圻其父

侍郎古稱少司馬　刑部古稱秋官亦稱
憲曹亦稱比部尚書古稱大司寇侍郎古稱
少司寇　工部古稱冬官亦稱虞部
亦稱水部尚書古稱大司空侍郎古稱少司
空　都察院古稱諫垣亦稱西臺亦稱
憲臺　左都御史亦稱總憲　右

都御史（總督加銜）左副都御史（亦稱）副

憲　右副都御史（巡撫加銜）御史（一稱）

風憲（一稱）言官　給事中（一稱）給諫

（一稱）黃門　通政使（古稱）納言（一稱）銀

臺　大理寺卿（古稱）廷尉　太常

寺卿　太僕寺卿（古稱）冏卿　光

祿寺卿古稱太官　鴻臚寺卿古稱
大行人一稱典屬國　國子監亦稱
太學一稱國學　祭酒一稱大司成
司業一稱少司成　詹粘事一稱宮
尹少詹一稱少尹　九門提督一稱
執金吾　太監古稱寺人稱涓捐人

一名宦官 一名中官 一名奄尹馬 一名常侍

統名閹焉 總督 一稱部堂 一稱制軍 一稱

節鎮 巡撫 一稱中丞成 一稱開府 一稱

部院 欽差 一稱星使 亦稱節使 自稱

使臣 布政 一稱方伯 亦稱藩凡司

按察 古稱連帥胹 一稱廉訪 一稱提點 一稱

臬司　巡道一稱觀察　糧道稱
轉運使　知府古稱二千石　亦稱太
守上台行文稱之曰守　同知一稱司馬　一稱治
中一稱長史上台行文稱之曰丞　通判一稱別
駕上台行文稱之曰倅瘁　知州一稱刺次史上台行文稱之曰
牧　學政一稱大宗師　運使一稱

都轉運同一稱同轉運判一稱

副轉知縣一稱大令一稱明府上台行文

稱之曰令縣丞一稱尉糧廳一稱貳

尹步捕廳一稱少府童生一稱俊

秀監生一稱上舍生員一稱秀

才一稱茂才一稱弟子員一稱附生

增生　廩生　恩貢歲貢遇恩即為恩貢　拔貢十二年一科逢酉年即拔　副貢即副榜　歲貢府學每年貢一人縣學三年貢二人由廩生挨次而出故亦稱挨貢　優貢有正科即有優貢由優廩生考取有由優增生優附生考取者即稱優監生　例貢係由監生捐者　附貢係由附生捐者　明經貢士諸貢生通稱　舉人一稱孝廉　進士一稱貢士　中書　主事一稱主

政

庶吉士 新點翰林者 翰林 統稱 太史

編邊修 二甲授職 檢蹇切上討 三甲授職 狀元 一稱

殿撰 修撰饌 狀元授職 榜眼 探貪花

傳臚奴 提督 一稱 提戎 一稱 軍門

都統桶 一稱 都護户 總兵 一稱 總戎

一稱 鎮振軍 一稱 都督 協鎮 一稱 協戎

稱　副將　參將一稱參戎一稱參府

遊擊一稱遊戎一稱遊府　都閫

一稱都戎一稱都府上台行文稱之曰都司　守

備一稱守戎一稱守府　千總一稱總

府　把總俗稱副府　外委俗呼副

爺　營　哨筲去兄　隊伍　兵

誥命五品以上通稱　敕命六品以下通稱　封生前誥敕　贈身後誥敕

誥授　敕授俱本身封典　移貤封

貤贈俱將本身妻室應得封贈追榮先世之名　晉封　晉贈俱已邀封贈再由陞職加增之名

慮累晉乃已得封贈累次增加之名

○妻繼妻妾可並封再繼次妾須另請

正一品封文光祿大夫武建威將軍　妻一品夫人

三三

從一品封 文榮祿大夫 武振威將軍 妻一品夫人

正二品封 文資政大夫 武武顯將軍 妻夫人

從二品封 文通奉大夫 武武功將軍 妻夫人

正三品封 文通議大夫 武武義都尉 妻淑人

從三品封 文中議大夫 武武翼都尉 妻淑人

正四品封 文中憲大夫 武昭武都尉 妻恭人

從四品封 文朝議大夫 武宣武都尉 妻恭人

正五品封 文奉政大夫 武武德騎尉 妻宜人

從五品封 文奉直大夫 武武德佐騎尉 妻宜人

正六品封 文承德郎 武武略騎尉 妻安人

從六品封 文儒林郎 武武略佐騎尉 妻安人

正七品封 文文林郎吏員出身者宣德郎 武武信騎尉 妻孺人

從七品封文徵仕郎武武信佐騎尉妻孺人

正八品封文修職郎武奮武校尉妻無封鄉俗通稱孺人以下均同

從八品封文修職佐郎武奮武佐校尉

正九品封文登仕郎武修武校尉

從九品封文登仕佐郎武修武佐校尉

未入流微員未秩定例本無封典鄉俗通稱登仕佐郎

一品補服 文仙鶴 武麒麟
二品補服 文錦雞 武獅子
三品補服 文孔雀 武豹
四品補服 文雲雁 武虎
五品補服 文白鷴 武熊
六品補服 文鷺鷥 武彪
七品補服 文鸂鶒 武彪
八品補服 文鵪鶉 武無
九品補服 文練雀 武無
未入補服 文黃鸝 武無
都察院 按察司 兵備道 均獬豸補

服

終養　告假　引疾　致仕

丁艱　服闋（缺）　休致　開缺

上任　卸事　卓異　保舉

虛銜　實職　鐫級（尖急）（革職別名）　紀錄

陞　遷　降（一稱左遷古人尚右故左遷為降）　調

選　補　擢濁　獎　謫則　貶匾

參川　劾核　彈談　糾九　考察

大計

政治

巡旬幸　閱曰邊　省囚　清獄玉

息訟　捍旱寇叩　禦女患　勘看驗念

救災　濟急　賑振荒　乾干旱汗（乾俗作乾）

（非此字于虔兩音）水潦老（澇同）　沴戾疫役　賞賚奈

撫卹息　勸農　科舉　課士

考校（通較；學校 音效）　選拔　衡（行）鑑（監）　薦（洊）引

發榜　飲宴　曉諭　硃批

籤（千）　票（漂去）　牌（排）　札（斬入）　移　檄（吸）

牒（迭）　申　詳　飭（尺）　稟（賓上）　咨（茲）

關提　照會　行知　護照

澑（流又去聲）票　傳單　奏（郰）摺（折）　題本

疏章　註卦誤務　部議　抵銷

斥飭　辦扳去　准本作凖宋避宰相寇萊公名改此至今仍之　駮剝字典本與

反坐　訪緝七　查

駁通今館閣分用駁雜則從彼辦駮則從此

拏俗作拏拿　拘居集　訊信問　研言審

縲雷絏屑　鎖瑣鏈練　扭牛上拷　桎梏谷

管押鴨　監奸禁　牢勞獄玉　犴憨狴被

拷考掠略 鞭笞鴟 枷加號 刑杖

批披頰結 掌責 擬蟻罪 發配

髡坤 鉗虔 宮去勢 腐甫去勢 劓乂去鼻 刵二去耳

斮作去足一名刖 黥鯨刺面塗墨故一名墨 剮寡 淩遲

大辟 斬 立決 監候 馘國斬首

殲殺也 殺 梟曉平首 絞狡 充軍

三八

流徒 譴歉謫則 遣歉戍庶

出口 新疆姜 軍臺 烟瘴漲

赦書 開復 察奪 平反翻

究啾懲呈 罰乏贖蜀 檔當案 冊側卷

勾銷 判泮結 貪贓莊俗作賍 賄匪賂路

苞包苴疽 囑竹託 關說 情面

袒（坦）護（户）　徇（筍去）庇（閉）　縱容　慫（悚）慂（涌）

指使　偏執　公允（永）　漕米

條銀　徵（征）收　報銷　串（傳上）票

育（欲）嬰（英）　養老　旌（京）表　獎勸

鼓勵（利）　風化　栽（哉）培　頒（班）發

給（急）領　甘結　允服　爭鬭（斗去）亦作鬦

盤詰結　徵征兵　督篤隊兑　視師

開仗丈　報捷截　露布捷書名　班師

受降杭　安民　屯豚田　防堵都上

善後　斥尺堠后　瞧樓　儀仗

護户衛未　開礦廓　挖晚入井孔　鑄注錢

社學　義倉　修城　繕善郭光入

鋤（徂）暴（抱）　興利　開墾（肯）　茶稅

鹽場　抽（丑平）釐（黎）　保甲　團（覃）練（連去）

戶冊　門牌（排）　平糶（跳去）　過（安入）糶（笛）

修圩（于）　築（竹）隄（提）　平路　捕（步）蝗（皇）

掘（穴）蝻（南）子　義渡

宮室

宮 宮室通稱宮言中室言實也 閶闔 天門 殿 大堂也天子之制有正殿重殿便殿

陛 天子之階 閥閱 勳臣功狀也明其等曰閥積其功曰閱又門在左曰閥在右曰閱 頖同 泮宮 諸侯學宮名泮半也

辟雍 天子學宮名辟通璧池水環繞如璧也雍通廱池如半璧之形

庠序 學校 書塾 艾上 貢院

棘闈 即貢院 號舍 矮屋 即號舍

衙牙 署 館底 閣 幕 府 會 館
行 臺 邸底 寓 郵 亭 樓
榭臺有屋也 堂 房 室 廳 廡堂下周屋
廊廊廡 廂廊也 廈夏屋也 厦沙上旁屋也俗作[厂+西]字典無[厂+西]字
棟 梁 柱 楹柱也 楣門上横梁如面之有眉也
楞能同棱四方木也又堂上最高轉角處曰柧棱俗讀能去聲
檐簷同 椽

梘檢 澑流去 筒 霤屋水流也與澑通又中霤堂室之神 屛

牆 垣 墉 壁 門 戶

閨宮中小門也故金馬門亦謂之金閨又女稱閨秀謂所居也 閤閨閤小門也門下省以黃塗門故謂之黃閤 閣爾雅杙長者謂之閣所以止扉者也又樓也又便殿謂之閣如天祿閣麒麟閣之類

闈宮中門 闥門也 闟樓上戶 閫同梱門限 閾門限

闑閫也 梫酸關門機 棖門兩旁長木 樞儲 軸逐

卯二

扉　牖　窗亦作牕　附護窗　卷篷

欄杆通作闌干　軒　檻　階　庭

天井　石　礎柱下石　磉爽俗呼礎曰磉

甎　瓦　廠創屋無壁　涼棚　篾⿱竹折滅折

帳篷　牌坊　名棹楔　匾額

獸頭　鴟吻耻平穩　寺　觀　庵

葊菴竝同 廟 祠 壇 墠善 築土為壇 除地為墠

龕堪 神座 倉 廒 庫 藏去聲 廩

廄馬闌也俗作厩非 庖 廚 廁次 溷混 亦廁也

院 宇 山莊 精舍 別

墅暑 第宅 府 店 鋪俗作舖

行杭 棧 闤闠市門 闉闍城門 創

造修築營繕葺

治建竪墁滿去砌撿

蓋牮見屋斜使正也

服用

冕旒　鳳冠　兜鍪首鎧也俗名盔　胄兜鍪

幘責韜髮之巾　帽冒　頭巾　笠　瓜皮

纓　緯　涼篷　領　襮博領也

披肩　衣服　龍袞　蟒袍

貂褂察字典無褂字　外套　補服　霞

帔披被 一作裦 婦人上服 私服 通單

衫

襟今 亦作衿

袵忍 同衽衣襟也又臥席

袖

袂 袖也一作襼

袪胠 袂是袪之本袪是袂之末

襦 短衣

袿

裾 衣後裾也

襜 衣蔽前

襖敖上

袴庫 俗作褲非

褌昆 同裩

襠當 袴下垂處

裳

裙羣 一作裠本作羣

褻

袒 露臂

裼 去上衣也又裘單曰裼

半臂 俗稱背褡

襌丹

袗 單衣

裌甲 通作夾本作袷

複 重衣

裏

衩叉去

縠斛 綃 練連去 綺 繡 錦

回紋 縑兼 絲 湖縐照 織絨

繭緞 呢 嗶嘰 哈喇 羽

毛 布 麻 葛 絺細葛 綌粗葛

綫同線 縷 辮便 絛叨同縚 黃 朱

紅 赤 赬 紫 絳 緋

紺淦 緅招 青 藍 緇 纁

皁鈔去 本作草俗作皂非 黑 烏 翠 碧

蒼 綠 白 素 弔 灰 靛電

以藍染也其浮水面者為靛花 茄色 黛 豔延 亦作豔俗作艷非

采彩通 絢 爛 麗利 粉 胭 脂

一作䞓赦 本作焉支 香 囊 多 寶 袋 瓶 口

四五

綫 縫奉 紐 結 鈕口 俗謂衣紐曰鈕 襻攀去 鈕襻

帶 紳 大帶 緌 襁 褓 小兒衣 兜肚

裹果 脚 韈彎入 亦作襪 古作韤 鞋孩 本作鞵 靴 本作鞾

履 屩脚 草履 屐 木屐 蓑 艸雨衣 襏 襫 蓑也

斗 篷 袈 裟 僧衣 帳 帷 幃

幕 幔 簾 幌 被 衾 大被

裯 單被　褥 褖　裀 褥也通作茵　氍毹 織毛褥　氈 通作旃俗作毡　毯 毛席　椶毯 坦　蓆 本作席　簟 殿

竹夫人　鋪蓋　氆氌 普魯　墊坐

包袱　裘 皮衣　褐 毛布　棉　絮　絲

帛　繒 帛也　紬 大絲繒也音求別音抽俗通作綢　緞

紗　羅　綾　綃　紈　縞

四六

荷包　字插　擺拜上包巾

帨佩巾　鈴　扇套　箑扇也　團扇

摺扇　蒲葵扇也　蠅帚　麈尾

椶拂

流品

官員　宦遊　仕進　隱逸

曠達　公子　貴介　華胄 幼

聖賢　豪傑　任俠 叶　書生

儒雅　文士　劍俠　書家

詩翁　騷客 筲　詞林　彈棋

弈亦士　幕莫賓　記室　經師

畫工　丹青　農夫　樵子

漁父　工匠　陶冶　窑姚户

屠涂户　駔掌儈　坐賈古　行商

買賣　貿易　牙行杭　醫生一名

岐黄家一名　青囊家北人稱大夫　卜筮

日者　星學　推測　命理　一稱

數學　測字　起課　看相

風鑑　地理　一稱青烏家　巫覡擊

廟祝　籥約舞　禮生　佛　和

尚一稱僧生　一稱禪師　一稱上人　一稱浮屠

屠一作圖　道人　一稱衲納　一稱羽士　一稱山人　俗稱道士

尼宜姑　媒梅妁勺　穩問上婆　莊人

佃甸户　船家一名舟子　水手　舵惰工

車夫北地呼　當駕的　轎把　肩輿

門丁　禁卒　閽人　閹焉官

衙牙役　仵午作　皁曹去隸第　經承

科吏　跟根隨　差役　圖差

通事　下走　急足　馬快

營哨嫂去　兵丁　練連去勇　坊捕

地保　僱故工　傭容人　夥計

朝奉　廚子　園丁　娼妓

俳一作倡伎優攸　伶苓人　戲子　强盜

撈老平摸莫　偷竊　綽勺白　翦綹柳

穿窬于　游民　無賴　痞皮上棍

闖創辣捺　乞丐介　賭博　匪類

富貴　貧賤　窮通　壽殀夭上

主僕　奴　青衣奴　臧獲奴

紀綱僕　僮　婢　了頭　鴉鬟

封疆

京師亦稱燕都一稱都門一稱日下
直隸總古稱北平一稱金臺以燕惠王築黃金臺招賢得名一稱
北直江南今為江蘇安徽總稱江甯古稱金
陵一稱建康一稱南京因明故都上江安徽灰古稱
皖城下江江蘇三吳江西古稱

五一

豫章亦稱江右　浙江浙亦作淛古稱於越

福建古稱閩中民　湖廣古稱三楚

今分湖南湖北兩省湖南一稱南楚亦稱熊湘　湖

北一稱北楚亦稱鄂渚　山東古稱東

魯一稱山左　山西古稱三晉一稱山

右　河南古稱中州亦稱豫州　陝閂

西古稱三秦一稱關中甘肅贖一稱蘭
州今為首府一稱武始四川古稱巴蜀一稱
西蜀廣東古稱東粵曰一稱南越一稱
廣西古稱西粵雲南一稱滇省田一稱
南詔照貴州一稱黔省虔一稱貴筑今為首縣
冀既兗偃青徐雍豫

五二

梁　荊　揚　幽　幷平　益

以上唐虞十二州名目禹定九州少幽幷益三州蓋併入矣

府　古稱郡　縣

古稱邑　州　廳

典禮

圜圓同丘郊天神郊祭也丘字避孔子諱加阝旁作邱惟此不加阝所以尊天也

方澤祀地示其示亦作祇祀地亦稱社　祭青女霜降節

耕耤集田一稱勸農　后稷壇祈穀一稱祭先農

臨雍祀孔子仲春仲秋上丁日　授民時頒時憲

朝日朝祭　夕月夕祭　日食君素服　月食后素

服

告（谷）朔（索）　祈蠶（椽）苑窳婦人先蠶也又蜀有神女馬頭娘歷代所祭不同

雩（于）禱雨　祈晴　土牛送寒迎春

禡祭房星即馬神也出兵祭　儺（羅）逐疫　祭武廟關聖祀

文昌奎星　八蜡　類（累）出師之祭　祭旗獻

俘將擒獲讎敵之人告廟畢戎事也　訊（信）馘（國）馘斬也訊問囚虜付斬　受降（杭）

奏凱得勝班師凱歌入告　釋（室）奠（殿）凱旋祭告聖廟之禮文廟常祭亦然

祠 廟 祔附 禴約 春祭 礿同 禘替 夏祭 又王者大祭之稱

嘗 秋祭 烝 冬祭 享响 饗同 歆欣 灌貫 奠酒 獻

齋 戒 禊 除不祥 祓弗 除不祥 禳郎 卻災異

祝竹 祐又 祜户 祚助 虔乾 誠

鬱役 鬯唱 粢兹 盛成 時食 牲牢

酒 醴體 燔凡 柴 讀祝 省牲

瘞（意）毛血　幣（被）帛楮（肚）　奏樂

舞佾　飲福　受胙（助）　望燎（了）

徹饌（撰）　慶賀　冠（貫）笄（箕）　姻婭（亞）

嫁娶　晬（七）盤（周歲）　壽誕（旦）　科第

豎（樹）棋　掛匾　坊表　綽（勺）楔（屑）（牌坊別名）

哀輓（挽）　喪葬　弔唁（念）　訃（付）告

殯殮斂同 棺槨 發靷引 執紼弗

下肂目 掩埋偃霾 安厝醋 華表

神道碑 齋醮樵去 開堂 招魂

孤父沒稱 哀母沒稱，父母俱沒，則稱孤哀，亦別稱永感 承重長子已死、長孫承服之稱、且有長孫已沒、而長孫之長子稱為承重曾孫者。

降服出繼子孫之稱

杖期生基父母沒後、妻死之稱 反服生冢子死為父者稱，此又父母在妻死

典禮 三

之稱亦稱不杖期生

斬衰崔 以生麻布為衣旁及下際皆不縫緶麻冠、麻絰、菅屨竹杖婦人麻屨不杖 子為父母服 婦為舅姑服 在室女為父母服 妻為夫服 妾為家主服 承重孫為祖父母服古制二十五月 今制二十七月閏月不算

齊衰杖期 以熟麻布為衣旁及下際皆縫緶、麻冠、麻絰、草屨桐杖、 適子為有子之庶母服 父母沒後、夫為妻服 定制周年閏月不算

齊衰不杖

期服 為兄弟及姊妹之在室者服 孫及在室孫女為祖父母 降服子為生父生母服 妾為家長之妻及家長之冢子服 胞姪為伯叔父母及姑之在室者服 父母在夫為妻服 亦定制周年除閏月不算

大功

三

九月　粗白布衣冠絰　為姑及姊妹之適人者服　降服孫為本生祖父母服　降服姪為本生伯叔父母服　降服弟為本生兄弟及姑姊妹之在室者服

小功五月　細白布衣冠絰　為再從兄弟及姊妹之在室者服　為兄弟之妻服　古者嫂叔無限唐制增此。姪為從伯叔父母服　姪孫為伯叔祖父母服　外孫為外祖父母服　為母之兄弟姊妹服　降服曾孫為本生曾祖父母服　妾為家長之祖父母服

齊衰五月　曾孫及曾孫女之在室者為曾祖父母服

齊衰三月　元孫及元孫女之在室者為高祖父母服

緦思麻三月　細白布絰帶。素履。　壻為妻之父母服　妻父為壻

服　曾孫爲曾祖兄弟及曾祖兄弟之妻服　孫爲祖從兄弟及祖從兄弟之妻服　子爲父再從兄弟及再從兄弟之妻服

小祥 周年祭　大祥 再周年祭　禫 萏 除服祭名　稽

顙 变 頭觸地有聲　碰頭 即稽顙　稽首 首至地　叩首

不舉手　頓首 一名　磕 湯 頭　跪 奎上 拜

揖　鞠 菊 躬 即作揖又名　打恭　請安 屈一膝作

半跪俗名打打单幼見尊長之禮　饋 匱 同餽　遺 去聲 贈也　幫 邦 襯 櫬 恭

送
贐儀送行禮　匳貲送嫁禮匳俗作奩非　芹敬入泮禮
苹敬中舉禮　賀敬凡百喜事送禮通稱　元卷送應試禮
代牲送人開堂乾禮　代帛回弔禮　燭敬新婚禮
賑敬謝醫　筆敬潤筆　菲敬乾禮通稱　旌使亦稱敬使
賞來人　席敬折席　贄敬謁師　束脩學俸
節敬端節中秋節禮　年敬亦稱炭敬歲終禮

力金賞工人　代土儀出外送尊長乾禮　賻敬附助人辦喪

奉賵亦助喪　恭薦秋元鄉試宴文武生監通帖　恭

薦春元會試宴文武舉人通帖　恭薦鹿鳴鄉試薦文生監專帖

恭薦鷹揚鄉試薦武生監專帖　穹　恭薦瓊林殿試薦文

芹酌候。光入泮請客專帖　華酌候。光新舉人請進士專帖

蔬酌候。光尋常請客通帖　亦作菲酌　又作潔

樽 恭迓。文旌請尊長老師先達貴客通帖 恭迓
台旌紳士請官長帖 恭迓鸞車請婦人通帖 恭迓
香車請在室女子通帖 恭迓蓮輿同上姓某名 頓首
拜訂男請客寫帖通款 歸夫姓 阿母氏 斂衽女請客寫帖通
款 領。謝受禮回帖 璧。謝不受禮回帖 心領。謝不赴
席與不受禮辭帖 辭。謝不赴席繳帖 嚴慈 命領。謝父母壽誕受禮回帖

嚴慈命璧。謝　父母壽誕不受禮回帖

嚴慈命謹領某物

餘珍璧。謝　父母壽誕不全受禮回片

朝代

盤古氏 開天闢地。首出御世。實為萬古帝王之祖。又稱渾敦氏。

天皇氏 亦曰天靈氏。繼盤古為君。劃十干十二支之名。以定歲之所在。

地皇氏 繼天皇為君。定日月星為主辰。以三十日為一月。

人皇氏 繼地皇為君。政教君臣所自起。飲食男女所自始。兄弟九人。所謂九頭紀也。厥後有五龍紀。攝提紀。合雒紀。連通紀。敘命紀。循蜚紀。因提紀。禪通紀。疏仡紀。合為十紀。荒渺難稽。惟有巢燧人二氏最著。故胡氏皇王大紀。以之繼人皇氏之後。

有巢氏 上古穴居野處。有巢氏教民構木為巢。以避禽獸之害。

燧人氏 上古未有火化。飲禽獸之血而茹其毛。燧人氏鑽木取火。教民烹飪。

太昊伏羲氏 風姓。以木德王。亦曰包羲。又曰庖犧。都陳。畫八卦。造書契。作網罟教畜牧。造甲歷。正姓氏。制嫁娶作琴瑟

炎帝神農氏 姜姓。以火德王。都陳。遷曲阜。嘗百草著方書。教樹藝。立市廛。作土鼓蕢桴

葦籥之樂。八傳至榆罔而亡。

黃帝有熊氏　姓公孫。名軒轅以土德王。都涿鹿。命大撓作甲子。以十干配十二支。命隸首作數。數九章筭法也。元妃嫘祖教民蠶。命伶倫造律呂。命大容作咸池之樂。作冕旒。正衣裳。作舟車。制貨幣

少昊　金天氏。姓己名摯。黃帝子。以金德王。都曲阜。作大淵樂。

顓頊　高陽氏。姓姬。黃帝孫。以水德王。都帝邱。作承雲之樂。以建寅月為歷元。分冀兗青徐雍豫梁荆揚九州。

帝嚳　高辛氏。少昊孫。以水德王。都亳。作六英之樂。帝三妃慶都生堯。四妃常儀生摯。帝崩摯嗣位。九年而廢。

唐

帝堯有天下之號。帝姓伊耆。名放勳。以火德王。都平陽。置閏法定四時。作大章樂。在位七十二年禪舜。

虞

帝舜有天下之號。帝姓姚。名重華。黃帝八代孫。以土德王。都蒲阪。造五絃琴。作簫韶樂。在位六十三載禪禹。

夏

禹有天下之號。禹三王之一。姓姒。黃帝玄孫。以金德王。都安邑。治水成功。正畎畝。修溝洫。定貢賦。作大夏樂。自唐至夏皆以建寅之月為歲首。傳子啟　太康　仲康　王相　少康　王杼　王槐　王芒　王泄　不降　王扃　王廑　孔甲　王皋　王發　癸即桀。以無道亡。傳十七君十四世四百三十九年

商

湯放桀有天下之號。湯三王之二。姓子。名履。契之後。以水德王。都亳。鑄金幣。作大頀樂。以建丑之月為歲首。傳太甲

沃丁　太庚　小甲　雍己　太戊　仲丁遷囂　外壬　河亶甲遷相　祖乙遷耿。又遷邢　祖辛。沃甲　祖丁　南庚　陽甲　盤庚遷殷國號即改殷　小辛　小乙　武丁　祖庚　祖甲。廩辛。庚丁　武乙遷朝歌。太丁　帝乙　受辛即紂以無道亡傳二十八君凡十六世共六百四十四年。

周

武王繼商有天下之號。武王三王之。三姓姬名發。稷之後。以火德王。都鎬。作大武樂。以建子之月為歲首。傳成王。康王　昭王　穆王　共王　懿王　孝王　夷王　厲王　宣王　幽王為申侯與犬戎所弒。

東周

幽王太子宜臼。遷都於洛。即周公相成王時所營之東都。是為平王。傳桓王。莊王　釐王　惠王　襄

乙

王　頃王　匡王　定王　簡王　靈王　景王　悼王
敬王　元王　貞定王　考王　威烈王　安王　烈
王　顯王　慎靚王。赧王被滅於秦。自武王至赧王。凡
三十七王。三十三世。合之東周君。計八百七十四年。

附東周五霸

齊桓公名小白。襲表海之雄。圖得管鮑為之輔佐。故南
伐召陵。望熊山。北伐山戎。至孤竹。西伐大夏。涉流沙。
登太行。諸侯莫敢違。

晉文公名重耳。出亡十九年。備嘗艱險。暮年得國。急欲
圖功。有狐偃、狐毛、顛頡、趙衰、欒枝、先軫、郤穀、荀林父、
魏犨、諸人為之指臂。戰勝攻取。所向無敵。

秦穆公名任好席襄公之餘烈得有岐豐八百里之地由余來降益國十二得百里奚于宛迎蹇叔于宋求丕豹公孫枝于晉三用孟明增修國政封尸殽谷遂霸西戎

宋襄公名茲父屢合諸侯以圖霸以人從欲不以欲從人一會于孟而被楚執再戰于泓而為楚敗北杳背盟致諸侯之伐彭城失守致諸侯之圍雖名列五霸之中實無戰功可錄

楚莊王名旅楚本子爵僭稱王倡霸中原狎主夏盟不獨邲郊一戰大敗晉師為諸侯所懾服也

附戰國七雄

燕姬姓。召公奭之後。國勢强盛。周赧王五十九年秦滅周。正燕孝王二年。越三十四年。始為秦將王賁所滅。

齊陳完之後。當秦滅周之日。正齊王建九年。越三十九年。始為秦將王賁所滅。

韓姬姓。周武王之後。世為晉大夫。周安王二十六年。與趙魏三分晉國。當秦滅周之日。正韓桓惠王十七年。越二十六年。始為秦將王翦、內史勝、所滅。

趙嬴姓。與秦共祖伯益。趙衰、趙盾、事文公。任國政。襄子與韓魏三分晉國。趙孝成王十年。秦滅周。越三十四年。始為秦將王翦所滅。

魏姬姓。畢萬之後。魏犨、魏絳、世為晉大夫。其後桓子、與趙襄子、韓康子、三分晉國。魏安釐王二十一年秦滅周越三十一年。始為秦將王賁所滅。
楚芊姓鬻熊之後。國素强。考烈王在位之七年。秦滅周
越三十三年。始為秦將王翦所滅。
秦嬴姓伯益之後。非子為周孝王牧馬。馬蕃分土為附
庸邑之秦。襄公逐犬戎有功。周平王封為諸侯。賜以
岐西之地。周東遷而秦始强。至穆公而成霸。其後遣
將軍摎攻滅周室。自乙巳至已卯三十五年。天下無
主七雄竝爭。始皇二十六年。始盡滅六國而歸一統

秦

始皇嬴政滅周。有天下之號。都關中。廢井田開阡陌置郡
縣除封建。傳二世胡亥。凡二君共十五年。

漢

高祖劉季有天下之號。都關中。傳惠帝　呂后　文帝
景帝　武帝　昭帝　宣帝　元帝　成帝　哀帝　平

帝　孺子嬰　僞新王莽廢孺子嬰而篡漢　淮陽王西漢十三帝。併呂后僞新共計二百十年。

東漢　光武帝劉秀中興之號都洛陽傳明帝　章帝　和帝　殤帝　安帝。順帝。沖帝　質帝　桓帝　靈帝　獻帝　歷八世凡十二君共計一百九十六年。

蜀漢　昭烈帝劉備承統之號。都益州傳帝禪凡二世計四十三年。　時魏吳相與鼎立號稱三國。

附**魏**　文帝曹丕廢漢獻帝建國之號都鄴傳明帝　廢帝　少帝　末帝凡五傳合四十六年。

附**吳**　大帝孫權建國之號都建業傳廢帝　景帝　末帝凡四主合五十九年。

晉

武帝司馬炎受魏禪有天下之號都洛陽傳惠帝、懷帝、愍帝凡四君共五十三年。

東晉

元帝睿纘統之號。睿本琅邪王覲妃夏侯氏通小吏牛氏所生。愍帝遇害即位于建康應石圖牛繼馬後之讖。傳明帝　成帝　康帝　穆帝　哀帝　廢帝奕　簡文帝　孝武帝　安帝　恭帝十一主九十七年。

附兩晉間十六國

前趙劉淵　據平陽叛晉自稱漢。傳三世。陷洛陽執晉懷帝。陷長安執晉愍帝。計二十一年。

後趙石勒　據鄴稱霸。降漢屢寇晉。傳七主計二十三年。

前燕慕容廆　據棘城稱霸、移據遼東。傳四主、計八十六年。

後燕慕容垂　據中山叛。凡四傳。并高雲馮跋篡據之北燕。共二十八年。

西燕慕容泓　起兵于華陰。弟沖稱帝于阿房。凡六傳。計十一年。

南燕慕容德　起兵滑臺。稱帝于廣固。凡二世計十一年。

前秦苻健　攻長安據之。稱秦天王。又稱皇帝、傳六主。計四十四年。

後秦姚萇　叛秦取長安。自稱帝。凡三傳、計三十四年

西秦乞伏國仁　叛苻秦據隴右。號乞伏可汗。凡四傳計

計四十七年

前涼張寔　據河西。自稱涼王歷傳四主計六十九年

後涼呂光、仕苻秦。苻亡光自立為涼天王傳四主計十九年

南涼禿髮烏孤、叛呂涼。自稱西平王。都廉川。又徙樂都。凡三主計十八年

北涼沮渠蒙遜　殺建康太守段業。自立為涼王傳三主計四十三年

西涼李暠　叛北涼。自立為涼公。傳二世計二十二年

後蜀李特、稱霸廣漢。進據成都。凡六主計四十六年

十三

夏主赫連勃勃　叛秦據平陽。自稱大夏天王。傳三主
計二十六年。　以上十六國篡爭與兩晉相終始。

南朝

宋

武帝劉裕篡晉之號。都建康。傳少帝　文帝　孝武帝
前廢帝　明帝　後廢帝　順帝凡八主。共五十九年。

齊

高帝蕭道成篡宋之號。都建康。傳武帝　廢帝鬱林王
廢帝海陵王　明帝　廢帝東昏侯　和帝凡七主。合
二十二年。

梁

武帝蕭衍篡齊之號。都建康。傳簡文帝　元帝敬帝凡四
主。合五十五年。滅於陳。

陳 武帝陳霸先篡梁之號。都建康。傳文帝　廢帝　宣帝
後主凡五主合三十三年。滅於隋

北朝

魏 道武帝拓跋珪、由賀蘭進據中國之號。初都盛樂。後徙平
城。傳明元帝。　太武帝　文成帝　獻文帝　孝文帝
宣武帝　孝明帝　孝莊帝　節閔帝　廢帝　孝武帝
為高歡偪奔關中。凡十二主合一百五十年

西魏 孝武帝為高歡偪奔關中建都於此。遂稱西魏傳文
帝　廢帝　恭帝三主合二十二年

東魏 高歡立孝文帝曾孫清河王亶子善見於鄴。是為東
魏孝靜帝在位十七年。為高洋所弒國先西魏亡。

齊 文宣帝高洋篡東魏自立之號。都鄴。傳廢帝　孝昭帝　武成帝　後主　幼主凡六主。合二十八年

周 孝閔帝宇文覺篡齊之號。都關中。傳明帝　武帝　宣帝　靜帝凡五主。合二十五年。滅於隋

隋 文帝楊堅一統之號。都長安。傳煬帝　恭帝侑　恭帝侗　凡四主。合三十九年。滅於唐。

唐 高祖李淵有天下之號。都長安。傳太宗　高宗　中宗　睿宗　明皇　肅宗　代宗　德宗　順宗　憲宗　穆宗　敬宗　文宗　武宗　宣宗　懿宗　僖宗　昭宗　昭宣帝凡二十主。共二百九十年滅於梁

五代

後梁太祖朱全忠篡唐建國之號。都汴。傳末帝。凡二主。共十七年。滅於後唐。

後唐莊宗李存勖建國之號。都洛。傳明宗　愍帝　廢帝凡四主共十四年滅於後晉。

後晉高祖石敬塘建國之號。都洛陽。父事契丹。自稱兒皇帝。傳出帝凡二主。共十一年滅於遼。

後漢高祖劉知遠建國之號。都汴。傳隱帝凡二主。共四年。滅於後周。

後周太祖郭威建國之號。都汴。傳世宗　恭帝凡三主。共九年。禪宋。

宋太祖趙匡允有天下之號。都汴。傳太宗　真宗　仁宗　英宗　神宗　哲宗　徽宗　欽宗

十七

十五

南宋

高宗即位南京之號遷都臨安傳孝宗　光宗　甯宗　理宗　度宗　恭帝　端帝　帝昺　自太祖至帝昺凡十八帝共三百二十年。滅於元。

附

遼

太祖耶律億偏據之號都燕傳太宗　世宗　穆宗　景宗　聖宗　興宗　道宗　天祚帝凡九主計二百一十年。滅於金。

附

金

太祖阿古達偏據之號都燕傳太宗　熙宗　海陵王　世宗　章宗　衛紹王　宣宗　哀宗　末帝凡十主共一百二十年。為蒙古所滅。

元　世祖忽必烈滅宋有天下之號都燕傳成宗　武宗　仁
宗　英宗　泰定帝　文宗　明宗　文宗復位　寧宗
順帝凡十主共八
十八年滅於明

明　太祖朱元璋有天下之號都燕傳惠帝　成祖　仁宗
宣宗　英宗　景帝　英宗復辟　憲宗　孝宗　武宗
世宗　穆宗　神宗　光宗　熹宗　莊烈帝凡十六君
共二百七十六年滅於逆賊李自成　此外雖有福王由
崧立於南京唐王聿鍵立於福州桂王由榔立於肇慶俱
數年即滅

皇清一統億萬萬年

世祖章皇帝紀元順治　臨御十八年無　廟諱

聖祖仁皇帝紀元康熙　臨御六十一年　廟諱上一字玄奉　文缺末點以元字恭代下一字燁奉　文缺中一直以煜字恭代

世宗憲皇帝紀元雍正　臨御十三年　廟諱上一字胤奉　文缺末乚以允字恭代下一字左示右真奉　文以禎字恭代

高宗純皇帝紀元乾隆　臨御六十年　廟諱上一字弘奉　文缺末點以宏字恭代下一字从厤从日奉　文以歷字恭代

仁宗睿皇帝紀元嘉慶　臨御二十五年　廟諱上一字顒奉　文缺末二筆下一字琰奉　文改炎為炎單用炎

字則不改均無恭代之字
宣宗成皇帝紀元道光　臨御二十年　廟諱上一字旻
奉　文缺中點無恭代之字下一字从省作寍奉　文以
甯字恭代
文宗顯皇帝紀元咸豐　臨御十一年　廟諱上一字奕
奉　旨不必避下一字詝奉　文缺末筆均無恭代之
字
穆宗毅皇帝紀元同治　臨御十三年　廟諱上一字載
奉　旨不必避下一字淳奉　文改享从亯而享郭等
字音義各別者不改均無恭代之字臨文則醇字亦宜避
今上建元光緒　御名上一字載奉　例不必避下一字湉
奉　旨缺末筆無恭代之字而舌活刮括等字音義各

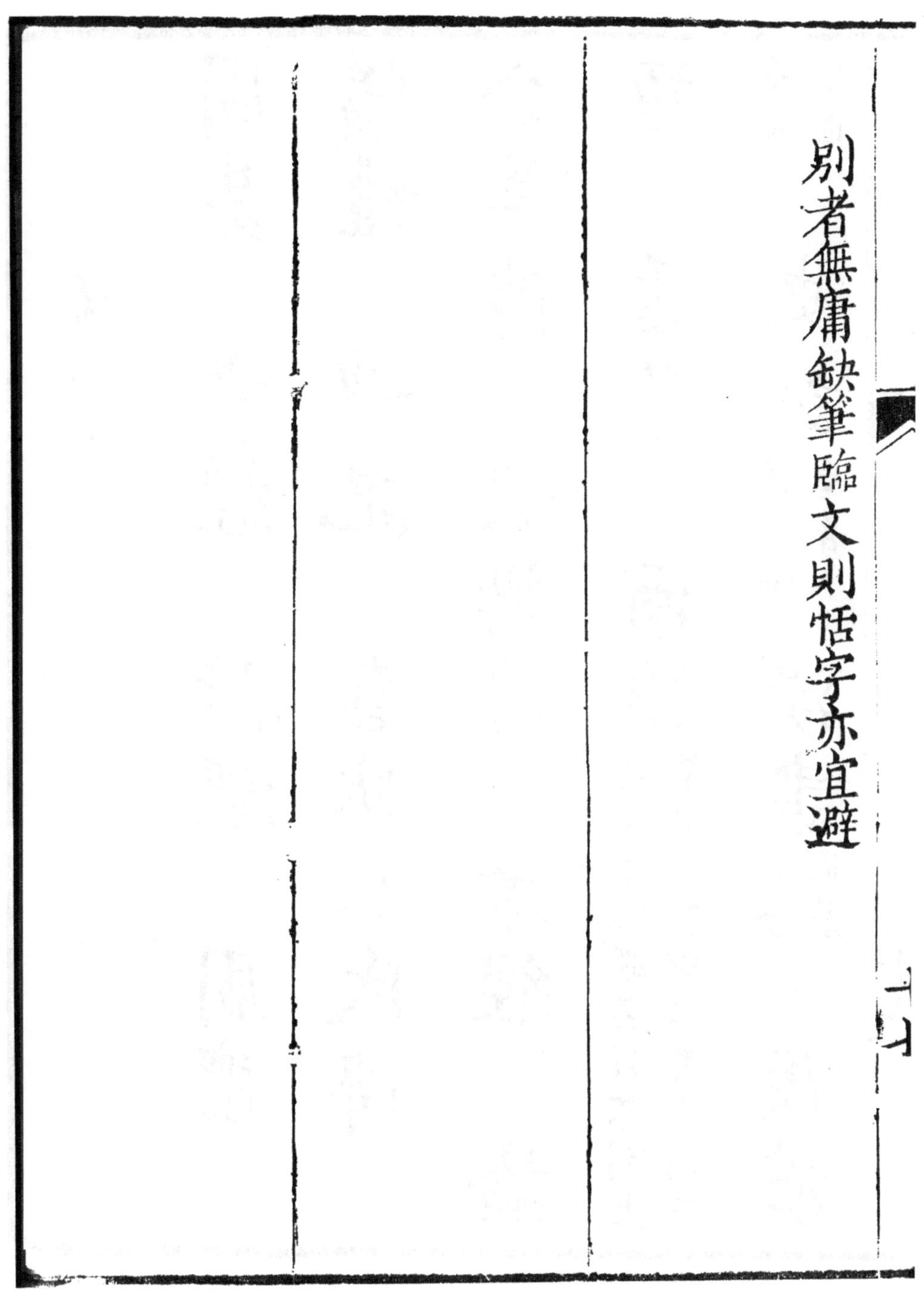
別者無庸缺筆臨文則恬字亦宜避

文事

周易　書經　詩經　周禮
儀禮　禮記　春秋左氏傳
公羊傳　穀梁傳　孝經　論
語　孟子　爾雅以上十三經名目不列大學中庸者以二書原列在禮記中也
史記漢司馬遷著　漢書漢班固著　後漢

書劉宋范蔚宗著　三國志晉陳壽著　晉書唐房喬等著
宋書梁沈約著　南齊書梁蕭子顯著　梁書唐姚思廉
著　陳書唐姚思廉著　北魏書北齊魏收著　北齊
書唐李百藥著　北周書唐令狐德棻著　隋書唐魏徵著
南史唐李延壽著　北史唐李延壽著　唐書宋宋祁歐陽修同撰
先有石晉劉昫所著唐書行世　五代史宋歐陽修著　先有
自宋歐書出其書遂稱舊唐書

薛居正所著五代史行世自
歐書出其書遂稱舊五代史

宋史 元脱脱不花歐陽 元揭徯斯同編 元史 聊
遼史 元脱脱不花等編 金史 元脱脱不花等編 明宋濂等編
明史 國朝大學士張廷玉等奉敕編 以上廿二史名目 資治
通鑑 宋司馬光著 通鑑綱目 宋朱文公著 荀子 荀卿
揚子 揚雄 文中子 王通 老子 老聃 莊
子 莊周以上五子名目 詩集 文編 著述

纂(輯)訂　訓詁(戶)　箋(失)註(同注)　解釋

撰(饌)作　古文　詞賦　歌詠

策問　經藝　論說　考辨

贊引　敘述　碑銘　行狀

誄(累)辭　祝文　奏摺(折)　劄(札)

疏　箾(東)牘(獨)　課藝　試帖　闈(為)

墨　筆 名不聿 立 一名管城子 一名龍
須友 一名毛中書　墨 一名松滋侯
紙 一名楮先生　硯 古通研 一稱即墨
侯　鎮紙　水罐 一名水注 一名水
中丞　筆洗　墨牀　帖　錦
囊　界尺　圖章　印色　鐫

二

刻　繪惠畫　護書　靴寫平頁葉
簿記　籤千套桃去　手版金帖　名片
書殼確　譜牒迭　志乘賸　絕句
排律　古風　近體　贈
答　吟　頌　集句　連珠
聯吟　柏梁七言每句一韻　離騷筲

音樂

天籟　琴　瑟　笙　簧　簫

管（同莞）　竽（工）　笛（古作篴）　籥（約）　壎（宣）（同塤）

篪（其）　箏　筑（惜）　箜（空）篌（侯）（本作空侯）　笳

鐘　磬　觱（必）篥（力）　喇叭　號

筒　鈴　鈸　哱（勃）囉（軍律）　刀（雕）斗

軍中夜則鳴更晝則代鍋造飯者　木鐸訛　海螺　雲

板　胡琴　月絃　洋琴　韗皮

鼓鼓別擊也從支　鼗桃同鞉鞀　羯怯鼓　鼖墳

大鼓　柷竹方木桶　敔木虎　拍板　自

鳴鐘　時辰表　八音琴　銅

壺滴漏　雲門古樂　咸堯樂　韶

舜樂 夏禹樂 頀湯樂 武武王樂 缶 韭

鼓 宮 商 角 徵 羽以上五音

金 石 絲 竹 匏 土

革 木以上八音 歌 曲 謳 吟

諷 詠 謠 謗 唱 和

演戲 劇戲也 句 舞佾 乚 詞 調

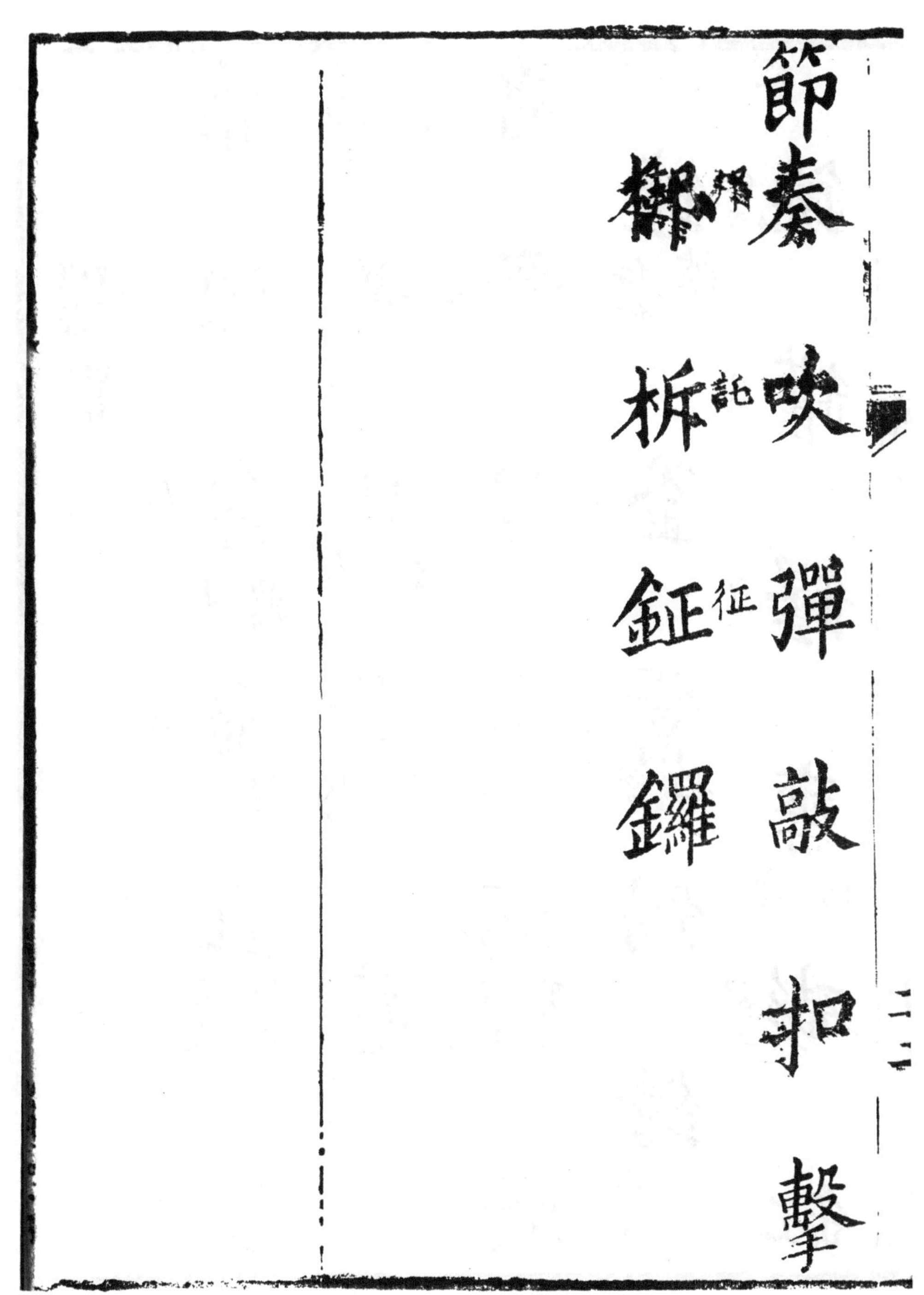
節奏吹彈敲扣擊
𨰻鑼鉦征析託

器具

鼎

俎

鼐 奈 大鼎

鼒 兹 小鼎

簠 甫 黍稷圓器

簋 鬼 黍稷方器

籩 竹器

豆 木器

登 瓦器與登別

尊 一作罇樽

爵

斝 假

勺 綽

瓚 玉杯

杯 本作桮亦作盃

觥 肱

鑪 俗作爐

釜 甫

鬵 尋 釜也

鍋

鎗 鼎類俗从鐺

銚 條去

鑵 貫

鐔 覃

罋 甕同

磞 彭去

缸 江

十三

鉢撥 瓷慈器 盌宛亦作椀瓮㼜 盞斬

甌 鍾亦作盅鍾又量器 盤字古作柈 盂干 碟

壺 瓢標 杓芍 端筒 盆 桶

竈俗作灶 甑曾去 匕比俗呼調羹 匙時 筯住

箸亦作筷快 刀 碪同砧 托盤 鐙

檠京鐙俗作燈又去聲鞍鐙也 燭 金蓮炬 篝勾

籠
火把
油漆
丹
艭

柴
薪
煤
炭
酒芻楚

樅宗
巾
鋤徂同鉏
犂黎
鍬悄平本作劁
耙罷

耖造
耒内
耜似
攩唐上
鐮連
槽曹車水具

轆鹿
轤奴槽
戽付舟中除水斗
桔結
槹交稱竿
剗殘上同鏟
鐃残

榨柘
籃南
礱戎
碾展
碓對
磨去聲

杵虛　臼舊　舂冲　簸播　⿱竹考客　⿱竹老老一作栲栳

籮　篩腮　箕　筐匡　筥舉　⿱竹畾呂

筲　矖賽　⿱竹折折　⿱竹屯鈍　扁擔且擔又讀平聲　風

車　簍摟　籃　榼合一作盒　廚除　箱

笥　櫃餽　匱櫃　繩　索　串

交椅同倚　桌　凳登去　机几　炕亢　牀

楄枕 圍墊 竹几 帽

架 梳疏 鎞被 亦作篦 古作比 妝 匳 俗作奩非

鏡 如意 杖 雨蓋 繖 俗作傘

翦 俗作剪非 尺 熨斗 鍼 一作針

鎖 本作鏁 鑰約 同籥 鎖匙時 烟袋 湯

婆 溺尿同 壺 斧 斤 鑿濁 錐追

鑽尊又去攢　鋸据　銼挫　鉋泡一作刨　纆○麥

斗　規　矩　釘　錘垂　鉤　綱江

銑仙金之有光澤者又鐘兩角也　砥底　礪利　斗

斛　升　秤稱去本作稱　天平　戥等字典無此

字

法碼碼本同瑪瑙砝也法碼可用馬　算盤　籌仇

權　量亮　粉牌　簿　樓梯弟平

十三

彈截絮弓 機 梭 籰籆 絡絲具 筳

杪杳 網枉 罩燥 罾爭 罟古 罝嗟

罘坏 罛沽 笱苟 簖短去 蓄蠏 釣弔竿干 船

一作 舟 楫節 艇挺 舫 艭 樺華

篙文 槳獎 橈尭 棹阜 櫓

縴欠划 纜濫 檣 桅危 篷朋 帆本作颿

錨 橛厥 木箄排俗誤作簰 桴夫 筏伐

槎乂 車 輪人 輦臉 肩輿 一稱轎

軒先 轅袁 輓泥 軏月 鞍安 鐙登去

馬鞍兩旁足所踏也 鑾閒 韁姜 鞭邊 綏 策冊

鎧 甲 胄血 劍建 戟棘 千

戈 矛毛 盾惇上 槍鏘 礮泡去俗作砲

銃充去 弓 矢 箭荐 弩魯 棒傍

棍袞去 硝肖 磺皇 火藥 鐵蒺藜

鐵菱角 烽丰燧遂 鈀琶頭 旗

幟職 令箭 營帳 窩鍋棚 火

彈去聲 歕笨平筒

十二

珍寶

珍珠寶貝玉瓊瑤

璆同球琳琅郎玕干環珮

瑪馬瑙老亦作碼碯珊瑚琥虎珀迫硨叉磲劬

玳瑁玳亦作瑇玟枚瑰規圭一作珪璋

璧珉民璜珩行琇秀瑩容

琖斬 同盞 琛 賷徇 琮琤玉聲 琪

璀揣璨粲玉光 璠凡璵于 璞扑玉在石中 玲瓏

珥二 水晶 瑣碎小玉 瑱 瑕

瑜 雕 琢 硃砂一作朱沙 丹礫力

玻波瓈離 金 銀一名白金 白鏹搶銀也

琉璃黎 雲母 空青石中有水可治瞖目一名石膽

廿八

水銀　銅　鐵鐵銕通　鉛元　錫

錢一名青蚨亦稱阿堵物俗呼孔方兄　鈔造一名楮　又名幣　又名飛

錢宋有交子關子會子三名即錢票也　鍍杜　鑲相　嵌砍平　套

鐶　簪　釵　玩　剔牙籤

鉗虔　眉鑷臬　釧串　俗名鐲古名條脫　鈿田

翠翹喬　耳挖　項箍孤　璽洗　印

篆　符節　鐵券券從刀不从從力　犀角

象牙

七九

數目

一壹通　二貳通　三叄通　四肆肆市肆也又解為陳設俗借為四字用下五六等字同

五伍五人為伍　六陸本訓水陸又姓也

七柒古漆字本作桼俗借為七字用又譌其形為柒　八捌捌本訓破也分也

九玖玖石之次玉黑色者　十拾拾本訓掇也收也以上諸字皆從俗借用十又通什

百佰　千仟千百字古人多以阡陌代用後又變用仟

伯 万萬通 億十萬 兆十億 單 隻

雙雙双竝非 奇箕隻也不偶也又奇怪音其 耦同偶 繁凡 多

眾 庶眾 夥火多 寡 少 尟先上

少也或作尟經典作鮮 重 疊迭古理官決罪三日得其宜乃行之故从晶从宜新莽以為从三日太盛改為三田經典亦相承作疊俗又作叠非 迭 躉對上全 零

整正上 複福 倍 蓰徙師五倍 觔金本與筋同後人訛為斤兩之斤

三一

兩 錢 分 釐 毫 絲

忽 渺（杪） 微 虛 盈 輸（舒）

贏（盈） 縮（索） 賸（盛） 同剩 餘 虧 虧同 折

短 絀 歉（謙上） 少也食不滿也 欠（謙去） 不足也又欠伸疲乏之貌

乏 賠 墊（奠） 賺（贊） 本訓賣也又市價失實也俗以獲利為賺

個 同箇省作个 尋 十丈 丈 十尺 尺 寸 分

錙銖匀龠合粒

三

飲食

飯　粥（一名稀飯）　羹　湯　酒　漿

醴　酪（洛）　酥（疎）　茶　茗　飡（餐同）

饔（朝食）　飧（孫）（夕食也俗作飱非）　膳（善）　脩　脯（甫）

肉　凍米（亦呼米花）　粉團　粢（詞）粑

米果　索粉　饅（滿平）頭　糉（角黍也俗作粽）

麵北人呼餅 餅 餌 糝 包子 磨

餑北人無入聲逢入即轉平稱餑餑若波波 饊產 薄餅

餃皎子 糕 餹亦作糖 餳唐字典以從易者音呈 飴怡

俗名小餹 餞薦 蜜亦作蜜 蔗霜即白糖 餛渾 飩遯

鮓 豆 豉食 椒焦 醯希 醢海 醬

醋北人呼忌諱 鹽延 鹵魯 梅 酸算平 鹹閑

辛 辢 辣捺俗作 苦 澀譅本作澀 甜田

甘 炙職 烘丰 烤考 煆短去俗誤煆 炮

燔凡 烙洛 燒 炒 煮 炆

煎薦 煏壁 熯漢 燉頓 煨 蒸

炕杭 熬 炠扎 烹 餁忍 熏

醃焉 爉辣 殽豪一作肴 饌傳去 爨 葷分

三十三

素　脃翠　俗作脆非　灱遭乾灱灱　皵不灱也　炆

藥　劑　丸　散　咀　片

三十三

穀菜

禾 凡穀皆曰禾　穀 百穀總名　米 穀去殼　穤懦 稻之黏者俗作糯

黏 黏即稉也以性黏合故名俗因占城稻占字誤呼黏為稉米又俗作粘非　粳庚 同秔稻之不黏者

稷 五穀之長　黍 穀之黏者　稻 水生白米者米粒如霜性尤宜水有黏有不黏者黏者為糯不黏者為稉

秈 小於稉稻而尤不黏俗稱觀音秈　稌 稉稻　粟 古時米之有孚殼者皆稱為粟今以穀之最細而圓者為粟

粱 粟類有黃白青三種黃粱尤勝　秫 黏粟也亦曰稷

之黏者　穜同先種後熟　稑後種先熟　秧禾苗　苗　稺同稚幼禾

也凡人物幼小皆曰稺　穗禾成秀也　秀禾吐華也　穎禾末垂穎也言其穗重而穎垂

也　稼種之曰稼　穡斂之曰穡　稾敍禾稈　稈敢　稂草似莠害

苗者　莠害苗者　蕛題稗罷草似穀而實細　穅或作糠穀皮也　秕或作

粃穀不成者　糟粕酒滓也又酒滓曰糟浮米曰粕　糙米未鑿者　穲稏

稻名　麥　麰大麥也又名穬　來小麥　麩敷小麥屑皮也　麴菊

三四

臬

糵 酒母也又神麴糵名同麯

蕎 三角麥亦呼烏麥

菽 眾豆之總名

蠶豆 以飼蠶時熟故名

豌 宛平 以其苗柔婉故名

豇 江 蔓生莢紅白二色莢斑駁數色長者二尺

藊 匾 本作扁莢形扁也一名蛾眉豆又名沿籬豆其一種子麤圓色白者名白扁豆入藥

豉 食 配鹽幽尗也尗豆也幽謂造之幽暗也本作敊

珍豆

玉米

芭粟

薏苡

彫胡 菰米

胡麻 俗呼脂麻

苴 牝麻又曰大麻藥書誤為火麻

枲 牡麻麻之無子者有子曰苴

蔬菜

菘 隆冬不凋有松

之操故名俗呼白菜

芥似菘而有毛其類甚多　黄芽白　蔓菁

萊菔　亦名　蘿蔔　苜蓿種出西域其苗端常有數葉深紅可愛故亦謂之鶴頂草秋後結實纍房纍纍如穄故又謂之木粟穄稷也

韭　薤懈似韭而無實本作䪥

葱沖本白而末青青色尤美故青謂之葱　蒜算　葫大蒜也以來自胡中故又名胡蒜

蒚力小蒜也爾雅曰山蒜　䪤番百合蒜也百片合成大者如盌　百合今人去蒜字但稱百合

薑　芹　茄伽　莧限　蕒赤莧

荼苦菜　堇謹苦菜　薇似藿菜之微者也　藿霍豆葉　蕨初生如雀足之

拳根可為粉　菠本名波稜菜種由波斯來　胡荽須香菜俗呼園荽　茴香

葍本草謂蘿一名葍　菌一名蕈俗名香菰　梓

椒　萵苣俗呼萵藚　苦藚　馬齒莧即瓜

藤菜　蓍　薘　蒿　蔞　茼　茭筍

藜　蘋　蘩　薀　藻　荇杏

三六

萱花花黃色故一名金鍼　木耳　葫蘆古止名壺或作壺盧

庖 匏葫蘆圓者　互 瓠匏屬長者　茈菰生下田中葉兩歧如燕尾作慈姑誤　芋

別名蹲鴟　殊 藷本名藷薁　山藥　黃精　枸杞

椿芽　瓜種類甚多　瓤瓜內肉　蒂　藤蔓

植物

梅古作槑楳 李 桃 杏 梨離 柰

木筆亦名 辛夷亦名 玉蘭亦名 望春

山茶白者名玉茗 紫荊 薔強薇 亦名買笑

月季 丁香 海棠 荼涂蘼眉

木香 玫梅瑰圭桂 一名離娘草 罌英粟

三二

一名米囊　一名阿芙蓉　瑞香　一名頭

腦花　杜鵑(消)　亦名映山紅　亦名紅躑(尺)

躅(促)　山礬(凡)　亦名芸香　亦名七里香

牡丹　一名鼠姑　一名花王　一名富貴花

芍藥　一名婪(戀)尾春　一名金帶圍 紅心黃邊

一名玉盤盂(于) 白者　木槿 一名舜故詩言舜英舜華　扶

桑　麗春一名虞美人一名百般嬌一名
滿園春一名仙人草　水仙一名
玉玲瓏一名淩波仙子一名金盞
銀臺一名女史花　木蘭　玉簪
棠梨一名杜　唐棣一名郁李一名栘（箕）
石榴一名海榴　長春　梔子

夜合 一名合歡 茉末莉利 一名萼岳綠君

芙蓉 一名蓮以實得名 一名荷以葉得名 一名君子花 一名芙蕖具平 一名菡罕萏覃上 一名淩波女

一名水宮仙子 葵 一名側金盤 一名衛足花

蜀葵 一名一丈紅 蘭 一名王者香 一名國香 一名百草長 一名

香祖　珠蘭一名魚子蘭　蕙一莖一花而香有餘者為蘭一莖五六花而香不足者為蕙　零陵香薰草也　萱亦作萲蘐一名忘憂草一名宜男草　紫薇

繡毬　夜落金錢一名子午花一名金榜及第　鳳仙一名金鳳俗名指甲花予名急性子　秋海棠一名斷

腸花　雞冠花　一名玉樹後庭花
矮腳白花者　剪春羅　剪秋羅　一名漢宮
秋　狀元紅　桂　一名木犀西　一名九
里香　一名廣寒仙　一名金粟　木芙
蓉　一名木蓮　一名秋牡丹　一名巧笑花
匾　扁菊　一名蝴蝶花　菊　一名壽客　一名

三六

笑靨（鴨）金 一名金剛不壞玉

老少年 一名鴈來紅

林檎（琴） 一名來禽 俗名沙果

櫻桃 一名含桃

一名火齊（聚）珠

蘋果 北方物似沙果大如梨

枇杷 一名盧橘

桑椹（甚）

泡（庖）圓

龍眼 一名驪（梨）珠 一名川彈（淡）子

葡萄（蒲桃） 一名冰丸

荔（利）枝 荔下半從三刀俗作三力非 一名側生果 橘

柑 橙（層） 香櫞（員） 枳（只） 柚（又） 獅（司）

頭柑 佛手 金彈（但） 木瓜

櫧（儲）子 有甜苦二種 柹（字） 本作柿俗誤作柹柹音沛刨下本皮也音義全別 猴（侯）

棗（早） 君遷（千）子 均柹之小者俗名牛奶柹 櫟（力） 一名 槲（斛） 一名

橡（匠） 其殼名橡椀可為卓 白果 一名銀杏 使君子

栗　榛詹　有二種體圓而末尖者名尖栗小如指頂者名茅栗　胡桃一名

核桃　橄欖喊覽　一名諫果　俗名青果

榧子匪　枳椇只具　一名雞距具　甘蔗詐

荸薺孛　古名鳧茈次　落花生　菱同蔆二角

芰菱四角　芡實欠　一名雞頭蓮　一名鴈啄作

蓮子　本名的　一名湖目　一名白玉禪

松
柏 不作栢
柳 同栁 枝弱葉長而下垂者
楊 枝硬葉闊而揚起者

檉 稱 河柳
槐
檀 談
枏 男 俗作楠非
梂 求
杪 枚
欏 羅

粉 汾
榆 于
桑
柘 詐
杉
梧

檟 嫁
桐
棉
椿
梓 子
穀 惡木

楓
楝 練
楷
榿 衣
楸 秋
榕

檐 詹
椶 中 作棕非
花櫚 閭
檜 怪
樟 莊

四一

豫章（即樟也） 菖蒲 艾 芭（巴）蕉

薜（平入）火蕉 美人蕉 蘆 荻

葦（尾） 葭（加） 菼（啖） 蓬（朋） 竹 箭（竹之小者）

筍（竹萌俗作笋） 籜（托 竹皮） 筠（云 竹之青皮） 茅茨 苫（本作）

蘚（菭 銑） 莎（梭） 萍 芸 靈芝

蓂莢（明 結） 著（施） 蓼（了縧） 莪 指佞草

四二

亦名屈軼

芣杯苢以卽車前草　虎耳　七姊妹

蔦了蘿俗名巴山虎一名木饅頭　薜皮入

荔　篛同箬　枝　椏鴉　條調　梗更上

幹淦　柯苛　兜斗平　根　株　杪杳

梢筲　葉　樹　葩巴

飛禽

鳳雄者 凰雌者本作皇 一名鳥王 一名九苞包禽

一名靈鳥 一名鸑岳鷟簇小鳳 一名鷫夙鷞商 鳳鳴歸昌

又足足 鳳毛吉光 鸞鑾鳳屬青色多者 鵷鴛鶵祖

鳳類孔雀 一名文禽 一名越鳥 一名南客

鶴一名胎禽 一名仙人騏其驥記 一名白雲

四三

司一名九皋(文)處士　雉(治)一名華蟲一名

野雞漢避呂后諱呼雉為野雞至今沿之　雊(垢)雉鳴　鷕(夭上)亦雉鳴　錦

雞　綬(受)帶鳥　白鷴(咸)　鸛(貫)　水

鴨(押)一名鳧(平)一名鶩(務木)　鷗(歐)　鸚鵡亦作嬰武一名

鸚(英)哥(歌)一名綠朝雲一名慧(會)鳥俗名辯(便)哥

雪衣娘白鸚哥　瓦雀(卻)麻雀　倒掛(卦)鳥一名

桐花鳳　鸜[瞿]鵒[浴]　一名秦吉了大而能言者

俗名八哥　子規[圭]　一名杜宇[土去]　一名鶗[啼]鴂[決]

一名杜鵑[捐]　一名望帝　一名蜀[孰]魄[追]　一名思歸

鳥　鵯[杯]鴣[姑]　一名鵓[勃]鳩　一名斑[班]鳩羽有光點者

鴿[葛]　鴻[洪]大雁　雁或作鴈其實鴈即鵝也與雁別　鶻[谷]或云即天鵞

練[連去]雀　鳶[宛]　鷙[至]鳥　鷹[英]　一名隼[准]　一名

鷄(曜)一名晨風　雕(雎)一名海東青　鶚
天鵞(訛)一名雪女　一名鴐(加)鵞　鶖(秋)
倉鶊　一名黃鸝(狸)　一名倉庚　一名金衣公
子　一名黃栗留　睍睆(險浣)鶯聲　燕　一名紫
乙　布穀　一名黃褐(合)侯　一名戴勝　一名
鵠鵴(吉菊)　鵪鶉(安純)　啄(作)木　鶺鴒(積伶)古作脊令

四四

畫眉　鳥

鴉　烏也本作雅又作鵶

喜鵲　大如鴉而長尾尖觜黑爪綠背白腹靈能報喜故稱喜鵲

鶡葛旦　一作盍旦夜鳴求旦之鳥也

寒號蟲　鳥名盛夏毛羽絢爛鳴曰鳳皇不如我嚴冬毛脫鳴曰得過且過見輟耕錄

白頭翁　沙和尚

鵬朋　即鳳皇

鶤昆

鷦鷯聊　一名桃蟲　一名蠛萬入雀　一名巧女

桑扈户　一名蠟觜

雎疽鳩　一名魚鷹

四五

鶻骨鷺鷥絲信天翁食魚而拙於捕魚專俟魚鷹遺失

鸕奴鷀　鵵平鷖衣　鴛淵鴦央一名比匪翼碎鳥

一名相思鳥　一名碧璧衣女子　翡翠

鸂溪鶒尺　精衛未鳥名山海經云炎帝之少女溺於東海化為精衛常銜西山之木石以填海

鴟痴鴞曉平惡鳥食母者　一名鵂休鶹留　一名梟曉平　一名鵩服

鵞　一名舒鴈　鴨押一名舒鳧　雞　一名

翰音汗含

鴆端審 毒鳥

竹雞

泥滑滑代 竹雞鳴

雄頌平 鳥父

雌此平 鳥母

雛徂 鳥子

卵 鳥卵也俗稱蛋

孚 鳥伏卵也其訓為信者亦謂鳥之乳卵如期不失信也

鳴

喿罩 俗作噪

囀轉

啼 嗁同

叫驕去

嚶英

翩偏

翻番

噰雍

喈皆

噦肺

翺敖

翔祥

集

飛騰

巢

棲

宿

翥主

翅滯

翮格

翎苓

毛 羽

喙肺 鳥觜

跂岐

距巨

啄作

跳挑上

躍約

走獸

麒麟亦作騏驎　麐古麟字　獅司一名　狻詮猊宜　獬

豸豸亦作廌獨角獸能觸奸佞　騶鄒虞　貔皮貅休　虎

豹　熊雄　羆皮　犀須　象　兕洗

豺　狼　狽貝　犴鼾　獾鼾　貉壑亦通貊

狐狸離　獍敬惡獸食父者　豪猪　獺塔　猿

四二

猻孫 本作猨 一名山公 一名野賓 一名狙祖公 一名胡

一名果然大者 一名狖又小者 一名猴侯 猩星猩

俗名野人 一名山笑 俗稱人熊

鹿 一名斑班龍 一名茸戎客

麈主 鹿類尾可為拂

麋眉 似鹿而產於澤中者

麀攸 牝鹿

麌女 牡鹿

麕君 牡者

麛眉 鹿子

麖章 鹿類

麂几 小麞

麝射 臍下腎子香可入藥

馬

駿俊 良馬

驥既 善馬

驊騮

四十

駿馬 綠耳亦作騄駬駿馬 駑奴駘台馬之下者 騍顆牡馬 駒

二歲馬 驖帖黑馬 驪黎黑馬 騂辛赤馬 騋來馬七尺以上 驢閭

羅 𩦺同騾 駱洛 駝佗背有肉峰亦馬類 騸扇去勢 駟四車駕四馬 駗川

車駕三馬 馴順也 騎奇跨馬也又馬軍曰騎讀去聲 馳池 驟兆 騰

相驤 品騁 驅 驕 嘶司 銜咸

閑彎 宗鬉頸毛鬃同 鬣列脊毛 驛亦 犬 尨忙一名

一名盧奴一名狗一名獒熬高四尺者瘈狗即瘋狗或名猘獫險

犬長喙者猲歇犬短喙者吠犬叫狺銀狗相爭嗾湊呼犬使前嗾物

家俗呼豬俗作偖豚豕子一名彘雉一名剛鬣列一名

豨希大豕一名腯突肥豶汾去勢豭加牡豕貗婁牝豕

牛一名太牢一名一元大武特牛父

犢牛子𤛓沙牛名牯古牡牛牸字牝牛犍堅去勢犂黎雜色牛

吳牛 即水牛
羊
少牢 一名
柔毛 一名
羖 古 牡羊
牂 莊 牝羊
羝 低 牡羊
羔 交 羊子
羜 住 五月小羊
羯 結 去勢
羚 苓 小角
貓 一作猫
貍 一名
貍奴
野貓
果子貍
鼠
耗子 效 北人呼鼠
鼯 吾 飛鼠
鼦 刀 同貂
鼷 希 小鼠
牝 品 母獸
牡 某 父獸
犧牲 希
羣牧
芻豢 俎 宦
羸 雷 瘦獸
餧養 畏 飼也

四九

又餧一音餒論語魚餧肉敗

鱗介

龍 元黿 似鼈而大俗稱癩頭黿 國朝封定江王 佗鼉 似守宮而大長一二丈

蛟 似蛇而四足大者數圍 梨螭 似龍而色黃無角 撇鱉 俗呼蠠魚或云腳魚俗又作鱉

一名河伯從事 歸龜 一名元衣督

由郵 蔡 大龜 遨鼇 海中大鼈也或云巨龜 鯉

砧鱣 似龍而銳頭口在頷下腹背皆有甲大者長二三丈 一名黃魚 鱣肉黃故江東人呼為黃魚

五下

鮪（尾）似鱣而白大者為王鮪小者為叔鮪一名尉魚遼東人所呼一名仲明

鱏（尋）長鼻魚也似鱣大者長七八丈

鱘（尋）出江中背如龍長一二丈

鯖（青）魚

鯨（澄）海中大魚

鯢（泥）鯨之雌者

鯊（沙）吹沙小魚又海中大魚其皮如沙亦名沙魚

鱧 俗呼烏魚一名七星魚頭有七星夜朝北斗故名

鯿（邊）

魴 即鯿也以形扁故曰鯿以形方故曰魴

鱮（序）俗名鰱

鰱（連）

鱅（容）似鰱而黑頭較大俗呼為鰱胖頭

鱒（春）俗呼赤眼魚喜獨行

鯇（晚）似鱒而大

鱤（敢）俗作⿰魚敢

一名鱀闕 鯼宗俗作鯮非 鱖貴 鱸盧 鰣時

濟上鱭刀魚同鮆 鮝本作鯗 一名鰷條 一名鯈由 鱵鍼喙前有刺

如鍼狀似銀魚 土餘魚 一名鱠桂殘魚吳王江行食鱠有餘棄於

中流化為魚故名 俗名銀魚 比目魚俗名鞵底魚古人多誤與王餘

合為一其實二物也 一名鰈迭 一名鰜兼 陽鱎橋 俗名白魚

鮒付 一名鯽 鰟旁 鮍皮 鰋偃 一名鮎言俗作⿰魚嚴非

一名鮧 一名鯷（題） 鱯（護）似鮎而大白色俗讀作話 鱨 一名黄魟（軋）似鮎而黄俗名黄牙頭 鱓（善）似蛇而無鱗俗作鱔非 鰻鱺（瞞 梨）亦名白鱓

鰌（秋）俗作鰍非 黄花魚 即石首魚乾之即白鮝腹中鰾可作膠亦可入饌

鮝（响）乾魚腊也 鮺（詐）藏魚也本作鮺俗作鮓 鱟（候）似蟹十二足長五六尺 鱷（咢）龍吻虎爪蟹目鼉鱗尾長數尺常以尾擊取人畜

鮭 一名河豚 一名鯸鮐 又名鯸鮧與鰋之名鮧者別 烏鰂（賊）一名墨魚 能吐墨自護故名

五一

鮑抱魚　江珧遥柱似蚌殼中肉柱長寸許　一名海月

淡菜　蠔毫石淡菜之大者　水母俗名海蜇折

江豚亦名江豬　螃蟹本只名蟹俗加螃以其旁行也　一名含黃

伯　一名無腸公子　螯敖蟹八跪二螯螯謂大足在首如鉞者

車螯殼色紫璀璨如玉斑點如花海人以火炙開其殼取肉食之　蝤蛑囚牟似蟹而大兩螯

最利　蟛蜞似蟹而小不可食　蚌蜃屬生江漢渠瀆間殼堪為粉　蛤恰

蚌蛤

蜃大蛤

含漿蚌一名含漿

蜆險小蛤

蟶稱蚌屬閩粵人以田種之謂之蟶田俗名蟶蚶

蚶憨本名魁狀如海蛤圓而厚外有理縱橫

螺螄羅司螺同蠃

鰕下平或作蝦蝦又音遐

昆蟲

原蠶元晚蠶也　蛹勇蠶初化未成蛾者　蛾蛹化為蛾　蜂先蠶絲蟲本作蠭也一名范飯　瘦腰郎一名　蜜蜂所釀者　蠟蜜渣

蜾蠃羅上蒲盧也似蜂而小　螟蛉桑蟲也蜾蠃負之七日化為其子

蛺蝶浹亦稱　胡蝶胡俗作蝴蝶同蝶　鳳子一名蝶之大者又名鳳車

蜻蜓　白宿一名　蚊本作蟁齧人飛蟲　蚋一名

省作蝄 蠅盈 壁虎 一名守宮 一名蜥析蜴易

名蝘蜓 一名蠑螈 蜘蛛一作鼅鼄 蠨蛸

小蜘蛛長腳者 俗名蟢子 螢 一名熠頁燿 一名宵

燭 一名燐林燐又為鬼火 蟻同螘古作蛾 蚍皮蜉大蟻 蝙

蝠 一名飛鼠俗名檐鼠 螳螂有斧蟲也 蜣螂郎

一名蛣蜣墨甲翅在甲下喜取糞作丸而轉之 蟬 一名蜩条 一名寒螿

一名齊女 麥蛰蟬之小者 蠆莱螫蟲 蠍蠆長謂之蠍俗作蝎 虺卉蛇之小者 蛇 蝮福毒蛇也螫手則斬手螫足則斬足螫音郝螫也

蟒大蛇 蛙一名 蝦遐蟇麻 一名螻樓蟈馘 俗名水雞 蟾蜍除蜍或作蠩即癩蝦蟇 蝌蚪水中黑蟲大則變為蝦蟇一名活東

蜈蚣 蜮域短狐 一名射工以含沙射人故名 水蛭迭 俗名馬蝗 蝨色一作虱 蟣萁蝨子又馬蝗亦名蟣

蜰或作蜚 俗名臭休去蟲 又呼扁蟲 或呼壁蝨

蚤 俗呼疙根入蚤 蠹妒魚 一名蟫淫 一名白魚

脈望蠹魚三食神仙子所化 鞠通琴中蟲喜食枯桐尤愛古墨 阜浮去

螽中 一名螽斯或作斯螽 蝗斯螽之大者 蝻蝗子在土中未出者

案此字字典未收 蚱仄蜢猛蝗類 俗名馬蚱 蟋蟀

一名促織 一名莎雞 螟民食禾心蟲 螣特食桑葉蟲

蟊 食禾根蟲　蟘 食禾節蟲或只作賊　蝟未 一名刺鼠

蜉蝣 一名渠略　蛔 或作蚘人腹中長蟲俗名食蟲　蛆

一名五穀蟲　蚯蚓 一名⿱夗虫苑蟺善 一作蜿蟮又名曲蟮

蝸牛 因溼而生無殼者俗名鼻涕蟲 一名陵螺 一名螔移蝓

螵漂蛸消 俗呼奶呆婆　海螵蛸 墨魚骨可入藥　蠛蠓 一名

醯雞　蠅虎　蠱古 腹中蟲　蠖戶 屈伸蟲　油

蟲名茶婆　土鱉俗呼地腳魚

蛀注蟲傷　蝕食亦蟲傷　蟄及蟲藏也　蠕儒蟲動貌　蠢

蟲動貌

三三

翻切指掌空谷傳聲

《翻切指掌空谷傳聲》簡介

《翻切指掌空谷傳聲》（下簡稱《翻切指掌》）一卷，稿本，著者不詳，藏社科院語言研究所（又見《罕見韻書叢編》）。據卷尾南豐劉孚周（字三安）跋文，稱作者爲「九叔」，則著者當爲江西南豐劉孚周族人。關於其成書年代，李新魁據劉孚周「戊午四月二十日」跋文，認爲「此戊午當在段氏之後的一七九八年」①。耿振生先生考證認爲，劉孚周爲「光緒十七年（一八九一年）舉人，據跋文知此書成於一九〇一年之前」。②《翻切指掌》作者很可能是清末著名文學家、語言學家劉庠（一八二四—一九〇一年）。劉庠幼年隨父劉良駒居京師，拜曾國藩門下，曾著《説文蒙求》與《説文諧聲譜》。《翻切指掌》成書後，可能並未刊行，劉庠殁後，才被整理出來。劉孚周最初識文在「辛丑（一九〇一年）九月」，再跋則在「戊午（一九一八年）四月廿一日」。離劉庠去世已十七年，故有「九叔此書，既變七音之横列爲直行，而字母少舌上音知徹澄娘，只得三十二字母。所用十二攝韻首法，與《康熙字典》十二攝韻首又不同。未知傳自何人」之歎。

《翻切指掌》共兩大組成部分：一是《翻切指掌》原文，全書十二攝，以韻母爲單位列三十四韻圖。韻圖編撰縱列三十二聲母位，横列平上去入四聲。韻圖末有「標射切韻法」「空谷傳聲」以及切字歌訣、切字法等内容。二是劉孚周根據自己的語音認識、音韻知識，在原文基礎上所加的旁注。劉孚周旁注有四方面的内容：

① 參見李新魁《漢語等韻學》，北京：中華書局，2000年，第265頁。

② 參見耿振生《明清等韻學通論》，北京：語文出版社，1998年，第247頁。

一、『然凡字之音，有官話、土語相同者，有官話、土語各異者。茲置其同者勿論，而於其異者，特表而出之曰官話。凡有應官話讀者，皆用硃標出某句。』（辛丑九月三安識語）即三十四韻圖相關聲母位讀音『官話』與『土音』有異，則以朱砂墨蹟旁注。

二、平、去聲韻標注陰陽之别，即所謂『凡同切之字，略載本位，陽平陽去朱印標出』。

三、改正原本聲母與五音的匹配關係，即『見溪群疑四母，牙音也，原本悉以爲喉音，精清從心邪五母，齒頭音也，原本悉以爲牙音，毫釐千里，今皆更正』。

四、在原本部分聲母位旁增加切字，其中大部分是在原本有音無字的聲母位旁加切字，即所謂『凡同切之字，略載本位』。（以上所引見戊午年劉孚周跋文）

李新魁先生將《翻切指掌》歸入《韻法直圖》系韻圖。從編撰方式、韻圖内容、韻圖呼名、所列切字，乃至卷末部分説明内容來看，此書與《韻法直圖》有很大程度的一致性，受《韻法直圖》的影響確實很大。與《韻法直圖》不同的是，《翻切指掌》不僅僅是一部韻圖，還是一部具有同音字彙性質的韻表，即以韻圖的形式，在各聲母位切字（音節代表字）兩旁以小號字形的方式列出同音字組。其目的即卷尾『此書有裨小學』之七『認字可類推』。

從韻圖形式來看，與《韻法直圖》如出一轍。從韻圖内容來看，《直圖》陰聲韻大多只附注了與入聲韻的相承關係，而《翻切指掌》陰聲韻均列有相承的入聲韻字。《直圖》共四十四韻圖，《翻切指掌》只有三十四韻圖。因此，《翻切指掌》與《直圖》雖有一定的傳承性，也有很大程度的創新性。

關於此書韻圖所反映的語音性質，原書作者卷尾有一段『此書有裨小學，約舉其端』的説明，其中第十二條就是『音本中州，皆官話，無土語』。而劉孚周在識語中指出『今之官話，大都多古音也。此書原本古音，則是全屬官話，安有土語？』因此學術界認爲此書所謂官話，其實就是『以保全古音爲特徵，這可以説是對官話的誤解』①。

① 參見耿振生《明清等韻學通論》，北京：語文出版社，1998年，第119頁。

不過，從韻圖内容來看，作者所言『音本中州，皆官話』是有一定的依據的，並非劉三安所謂『此書原本古音』。通過與《直圖》編撰方式、韻圖、呼名、列字等方面的傳承性與差異性的比較，結合《翻切指掌》卷尾相關説明内容的分析，可以發現，韻圖所反映的實際語音就是清代官話語音系統①，這一語音系統與古音没有關係，與著者的方言也有一定的差異。而劉三安的注解則是以南豐方言實際語音爲依據的，反映了清代末年南豐方言的語音特徵②。

① 參見李軍《〈翻切指掌空谷傳聲〉的實際語音特徵及該書『官話』的語音性質問題》，《語言學論叢》第五十二輯，2015年。
② 參見李軍《〈翻切指掌空谷傳聲〉所反映的清末南豐方音》，《漢語史學報》第十六輯，2016年。

字總母①

○⊙●◑	○⊙●◑	○⊙●◑	○⊙●◑◙	○⊙●◑◙	○⊙●◑	○⊙●◑	◑◑
羽徵宮角	羽徵宮角	羽徵宮角	羽角宮徵商	羽角宮徵商	羽宮徵角	羽宮徵角	羽角角
見溪群疑牙根	端透定泥舌頭	幫滂並明重唇	精清從心邪齒頭	照穿牀審禪正齒	曉匣影喻深淺喉音	非敷奉微輕唇	來日半舌半齒

首句原來是牙音，二句舌頭三重唇。

四句齒頭五正齒，六句深淺喉中尋。

七句又在輕唇取，八句半舌半齒分。

① 下文刘三安旁注或補注字以黑體字表示，下文同。

一公弓庚京　二岡江光　三千官涓　四該皆乖　五基貲規　六鉤鳩

七姑居　八根巾昆鈞　九高交　十歌戈　十一迦㳫　十二拏嘉瓜

平聲十二攝三十四字皆標也

四聲韻頭平聲平道莫低昂，上聲高呼猛烈強，去聲分明哀遠道，入聲短促急收藏。

合　公䡖貢穀　撮　弓拱供菊　開　庚梗更格　齊　京景敬戟　開　岡吭㧫格　齊　江襁(奬)絳覺

合　光廣誑郭　開　干稈幹葛　齊　堅繭見結　合　官管貫括　撮　涓捲絹厥　開　該改蓋隔

齊　皆解戒結　合　乖拐怪國　合　基己寄吉　齊　貲子恣即　合　規詭貴穀　開　鉤苟搆格

齊　鳩九救給　合　姑古顧谷　撮　居舉據菊　開　根頣艮革　齊　巾緊靳擊　合　昆衮棍①骨

撮　鈞窘郡橘　開　高杲誥閣　齊　驕矯叫角　開　歌哿箇割　合　戈果過槨　齊　迦姐借拮

撮　㳫〇〇厥　開　拏絮胗閣　齊　嘉賈駕戛　合　瓜寡卦刮

---

①『衮棍』原誤爲『古顧』。

(喉牙音)羽徵宮角(牙舌)(根音)羽徵宮角(舌頭)(脣音)羽徵宮角(脣)(牙齒頭)羽角宮徵商(齒齒)(頭音)羽角宮徵商(正齒)(深淺喉兼牙音)羽宮徵角(喉音)(輕脣合齒是輕脣)羽宮徵角(輕脣)(半舌兼喉音半齒兼牙音)羽角角(半舌半齒)①

凡八句，末一字皆捲舌，均即官話也。

公 合口呼 **第二句，第四、五句平上去入俱官話讀**②

平 公(工功攻③肱蚣)空碩峴 東通(痌恫)同(童僮潼仝瞳銅衕桐筒艟峒侗)䆚**去聲** ○夆蓬(篷芃峯)蒙(朦曚濛幪艨) 騣(宗椶)聰(匆驄蔥)叢鬆○ 中(終忠螽衷)充(沖忡翀)崇舂(摏)鏞 烘(轟薨硡訇)紅(洪虹弘鴻宏閎)翁○ 風(豐峯酆楓鋒蜂蠭烽瘋豐)

馮○○ 隆(龍瓏聾朧礱)戎(絨毧)

上 贑孔○澋 董統(桶侗)動齈 琫(菶)○埲蠓 總揔○竦○ 腫(種)寵○○○ 哄○蓊○ 捧○○○ 攏(寵)○

去 貢控(鞚)○○ 涷(棟)痛洞(侗慟恫)癑 ○○○夢 糉(粽)○○送○ 眾(中)銃仲○○ 烘閧(蕻汞)瓮(甕)○ 諷鳳(奉俸)○○ 弄○

入 穀(鵠梏)酷(哭)掘檴 督(篤)禿獨(讀櫝)傉 卜撲(樸)僕(濮曝瀑)木(沐) 足蔟(簇)族速(宿餗)○ 祝(燭竹)畜(蓄)逐縮(叔)熟(淑) 熇斛沃(屋)○ 福(腹複幅覆輻蝠)伏(袱復服馥茯)○勿

禄(録醁緑碌簶鹿麓戮)辱(溽蓐)

① 此列原爲第一圖「公」韻圖各聲母位的標注，同時也是對各韻圖所有聲母位的標注。今單列於此。除此之外，各韻圖平上去入四聲八句三十二聲母位，每句前也均標注了「喉音」（劉三安改爲「牙」）、「舌音」、「脣音」、「牙音」（劉三安改爲「齒頭」）、「齒音」、「深淺兼牙音」、「輕脣合齒音」、「半舌兼喉音」、「半齒兼牙音」，今略去。

② 相應的四聲韻二、四、五句旁注「官話」或「官話讀」等内容，今略去，下同。平聲、去聲濁聲母旁注「陽」，亦略去。

③ 原文同音字組橫排，今改爲雙列。

弓　撮口呼　全韻俱官話讀

平　弓宮龔躬供恭駒扃穹傾芎窮煢瓊藭卭蛩顒　冬炵彤鼕佟農穠濃儂噥癑膿醲　○○○○　蹤縱葼從松嵩崧○鐘鍾衝虫种蟲重舂慵鏞　胸匈胷兄兇凶雄熊雍邕饔癰雝容墉庸傭鎔瑢榮蓉融

封逢縫○○　龍櫳茸

上　拱珙栱烔烱絅蛩恐頃褩○○　○董○○○　○捧○○○　慫○○悚聳慫○　踵塚塜○○○○　匈詾迥擁勇俑湧甬永踴踴慂○○○○　隴壟宂

去　供○共峠　○凍○○○　○○○○夢　縱綜○從宋頌誦訟　衆種惷剸重○○　○嗅○壅邕壅用　○縫○○　龔宂

入　菊掬匊鞠麴曲局跼玉鈺慾欲獄　篤禿毒○朒　○卜○僕目繆睦穆牧　足促蹴○夙粟肅宿續俗　祝囑矚粥築燭築竺屬鬻觸逐妯軸舳躅束孰塾蜀贖熟淑　旭勖○郁燠育浴昱毓

○福○○○屋　六陸肉月

庚　開口呼　第二句平上去入俱官話讀

平　庚(耕更賡羹)坑(硜鏗)○娙　登(燈)鼟騰(滕謄藤疼)能　崩(伻繃)烹朋(彭棚鵬膨澎)萌(盲氓)　增(憎曾)鬅曾(嶒)僧○　争(箏錚)撐(琤瞠)橙(瞪)生(笙甥牲)○　亨(哼脝)衡(行蘅恒橫莖黌)嚳○　○(紛)○○○

　　楞(棱稜)○

上　梗(哽耿鯁綆埂)肯(肎)○○　等○蹬○　○鄳蚌(蹦)猛(蜢)　噌○睜○○　掟○瑒眚○　擤杏(荇)○○　○(粉)○○○　冷○

去　更(亘)○○硬　橙(磴凳)瀓鄧(蹬)○　甭繃掽孟　甑蹭贈○○　諍牚○貹○　誶行(横)○○　○(糞)○○○　棱○

入　格(隔挌)客(尅克刻)○額　德(得)忒(忑)特螣　北(迫百)拍白(僰帛)默(陌嘿)　則城賊塞○　責(磔)册(策拆)擇(澤宅)色(索)○　黑(赫嚇)刻厄○　○(或)○○○　勒○

京韻　齊口呼　第二句平上去入俱官話讀

平　京(競荊涇經驚矜)卿(輕)檠(鯨擎黥勍)凝(迎)　丁(釘叮玎疔)汀(廳)亭(蜓霆停廷婷庭綎)寧(嚀甯)　兵(冰)娉(砰姘怦閛姘)平(憑萍凴帡屏評枰蘋缾軿坪)明(銘名鳴螟盟冥瞑溟蓂)　精(晶睛旌菁)清(青)情(晴鯖)星(醒惺猩腥騂)餳　征(貞徵烝蒸禎)稱(蟶偵檉赬)丞

　　澄(承懲呈程酲裎澂)升(勝聲陞昇)成(盛城塍誠乘繩塍)　興(馨)形(邢刑硎型)英(櫻鶯嬰纓鸚膺嚶攖應鷹)盈(螢營楹瑩瀛嬴蠅)　○[illegible]○[illegible]○[illegible]○[illegible]　陵(靈伶淩綾囹苓鈴翎零櫺玲齡蛉泠鴒菱聆)仍(礽)

上　景警(頸儆剄境璥)○脛　頂鼎(酊珽)挺(艇梃)○　丙(秉餅炳)頩○茗(皿酩暝)　井請○省(醒)○　整(拯)逞(騁)徎眚○　○悻影郢(穎潁)　○(粉)○○○　領(嶺)○

去　敬鏡逕徑竟勁慶磬罄競○　訂聽定錠佞甯　柄並摒聘並病命　浸倩清　净靚阱穽靜靖性姓○　正政證証秤稱鄭聖勝盛乘剩嵊興脛倖幸諱映應孕媵膡　○糞○

○○　令另認

入　戟擊棘激殛隙喫郤吃紛極屐劇逆懌奕腋易亦掖驛睪鷁　的滴嫡鏑剔踢惕逖狄覿敵笛滌荻翟踧迪翟溺惄　壁碧逼璧僻闢霹辟癖劈　弼覓　積跡蹟跡脊勣續稷即唧　戚鏚緝葺　寂籍瘠集　昔淅惜媳析熄晳息錫烏裼　席習蓆夕穸隰　隻蹠炙桎蹠郅

尺飭赤螫斥擲躑釋適啻滴穡石蝕食碩射　閾洫檄覡益抑繹疫液蜮譯域閾罭役射　○○○○　力歷礫櫪靂嚦瀝入

岡韻　開口呼　第二句平上去入俱官話讀

平　岡剛綱鋼扛罡康糠穅○昂卬　當襠璫鐺湯鏜唐塘堂搪棠糖螳　囊　邦滂磅傍茫邙芒忙鋩硭　臧贓牂倉蒼滄藏桑喪○　○章○長○○　炕杭航行頏鴦佒○　方妨房魴○忘

郎螂榔瑯廊稂狼蜋○

上　晄慷○馹　黨讜儻蕩曩　榜○○莽蟒漭　髒蒼○顙嗓磉　○○○○○○　旿沆骯坱○　紡○○網　朗○

去　掆鋼抗炕伉亢○枊　當擋盪宕燙碭儻　謗胖棒蚌徬漭　葬稩臟藏喪○　○障○○○○　○行盎○　放○○妄　浪閬○

入　各閣擱恪○愕鄂噩萼諤　沰託托柝橐鐸度踱諾　博朴粕泊雹亳薄箔莫幕摸膜寞漠　作錯昨作鑿索○　卓桌酌○着○○　郝鶴涸惡○　霩縛○○　落樂絡洛烙駱酪○

江韻　齊口呼　第一、六句官話讀

平　江韁薑疆薑僵殭韁畺羌腔蜣強彊颸　○○○娘孃　梆邦胮龐厖　將漿鏘蹡鎗蹌槍牆檣嬙戕襄相廂鑲箱湘驤詳祥翔　章彰樟張璋嫜漳麞昌娼猖閶腸長場商傷殤觴裳償常嘗嫦徜　香鄉降央殃秧鞅泱

陽暘煬楊揚徉佯羊洋瘍　方坊防○亡　良粱樑糧涼粱糧量　穰攘瀼禳

上　襁講鏹港磋強仰　○○○○　○○○蚌○　蔣獎槳搶○想鯗象　掌敞倘廠丈長賞晌餉上　響享饗項鞅養癢癢　昉髣彷訪舫○○罔惘魍誷輞　兩輛倆魎壤

去　絳降洚嗆弶○　○○○釀　○○○蚌○　將醬蹡匠相像象　障漲帳脹瘴唱悵暢韔倡撞餉尚上　向嚮巷衖怏鞅恙漾樣養○放○○妄　諒亮量讓

入　覺屩脚脚却卻噱醵虐瘧　○○○諾　○○○○　爵雀鵲嚼削○　酌勺灼焯綽○鑠杓芍　謔學約藥躍爍鑰籥　霪縛○○　畧掠若箬弱

光韻　合口呼　全韻俱滿口讀，第一句第二句平上去入俱官話讀。光韻全滿口讀，五句是穿牙，七句仍用輕唇

平　光觥匡眶筐劻狂○　○當○○○　幫○傍旁螃膀旁茫尨　○臧○○喪○　莊妝裝樁粧窗瘡牀床霜雙孀○　荒肓黃遑徨皇惶凰隍蝗篁潢煌汪尪王　○㕫○○望○○

上　廣䲶逛○黨倘帑蕩○榜綁○○莽○䕨○奘顙○惝掌○○爽○慌謊恍怳晃枉往倣髣○○○朗○

去　誑(逛)曠(纊壙)誆○　當(擋)盪宕○　謗胖傍芒　葬○臟喪○　壯創(愴)狀戇○　貺(況)潢䤑王(旺)　放○○望(𧦅)　浪○

入　郭(槨)擴(廓鞟)○○　掇脱(託)奪諾　撥(鉢博)潑跋(鈸)抹(末帕帓韈)　○(作)○○○　捉(酌)戳○朔(爍)杓　藿(霍)穫(壑)䨼(蠖)籰　○○○○　捋楉

干韻，開口呼，第二句平上去入俱官話讀

平　干(乾肝甘柑杆竿疳)看(刊堪龕)○豻(犴)　丹(擔單眈殫鄲酖)灘(坍攤貪癱探)壇(彈潭檀痰談譚郯覃罈曇)難(男南喃)　媥[illegible]攀○[盤]蠻　簪餐(湌驂參)殘(慚蠶)三(珊)○　○○○○(山珊訕删)○　鼾寒(涵函酣含邯韓邗)安(庵諳鞍鵪菴弇)○

○(番)○○○　蘭(攔欄藍婪籃嵐瀾襤孄)○

上　稈(趕感敢旰)侃(坎砍衎)○○　亶(膽癉)坦(菼毯)袒(襌啖萏)赧　板○○媏[滿]　趲(昝)慘(憯)槧傘(繖散)○　○(展)○○○　○　罕(暵)悍(頷撼菡)俺○　○(反)○○○　懶(攬覽孏欖)○

去　幹(紺贑淦)看(闞勘瞰嵌矙)○岸　旦炭(歎探嘆)但(啖憚淡蛋彈澹誕)難　扮○○[瓣]○　贊(讚)粲(燦璨)瓚(暫鏨)散(三)○　○(戰)○○○○　漢(憨贑)翰(旱閈汗憨捍憾豻)按(暗案闇黯)○　○(販)○(飯)

○○(萬)　爛(纜濫讕艦)○

入　葛(割轕)渴○○　怛撻達捺　鉢(撥)[四]潑跋(拔)沫(茉韈)　匝○雜薩(卅)○　○(札)擦○○(煞)○　喝曷遏(閼)○　○(髮)○○○　剌○

堅韻，齊口呼，第一句，第二、三句平上去入俱官話讀

平

堅緘艱間監兼姦肩奸椷鳽豜鞬菅　牽搴騫愆謙慳褰　乾鈐鉗虔箝黔　顏研焉妍言嚴岩　顛巔癲掂　天添　田鈿甜填闐恬畋陽　年拈黏粘　邊編鞭砭　篇翩偏　胼駢　眠綿緜棉緡　煎箋尖濺湔　千韆遷簽僉籤仟阡　前錢潛　先僊仙纖鮮躚殲　涎　氈瞻旃詹沾鸇饘譫占　攙覘

纏饞廛讒潺躔　羶膻山搧煽衫杉姍刪潸芟痁苫　禪嬋蟬蟾　軒掀　賢絃弦舷銜嫌咸閑閒鹹嫺鷳　煙厭閹煙醃胭淹焉燕嫣臙菸咽　延筵閻鹽炎簷蜒　番旛翻幡　帆繁梵藩煩樊凡礬燔璠蕃　○○　連奩廉憐聯蓮簾簾漣　然髯燃

上

繭蹇梘柬減臉簡筧檢撿揀轞　遣譴繾㝈　件儉　眼儼　典點　腆舔餂覥忝腆　殄簟　撚黏　扁匾貶窆褊　鴘　辯　免緬勉冕湎娩沔　剪戩譾翦　淺　踐　銑鮮獮跣毨　綫　展斬盞輾醆　闡諂剗囅蕆　邅　閃陝産　○　顯喊險幰　峴僩限睍　偃掩淹

衍兗演扊　反返　○○　晚挽娩輓　輦璉　染冉苒

去

見澗監劍間建諫鑑豎瞯覸　欠歉　健鍵　彥驗雁硯唁喭鴈諺讞贗　殿墊店坫玷　捵瑱　佃鈿電甸靛奠　念　變遍徧　片騙　便汴忭弁卞辨辯抃　面麪瞑　箭搢湔濺漸薦僭牮　茜塹倩綪　賤踐餞薦荐　線線霰　羨　戰站顫蘸占　懺輚湛綻賺綻　扇訕疝

善擅單贍鱔繕膳禪　獻憲　莧餡陷現限檻艦　宴堰讌燕晏厭咽嚥饜　艷焰餤豔　販泛氾窆汎　犯范範飯　○　萬曼　鍊殮練斂煉　髯

入

結揭孑夾潔訐拮頰刦　挈怯愜篋　傑偈桀笈竭碣　孽臬業讞齧　○跌　鐵帖貼怗餮　耋蝶跌迭疊瓞　涅捏撚聶躡　鼈別　撆撇瞥　勃　滅蠛篾　節浹接楫睫婕癤　切竊妾　截捷　屑泄褻薛洩緤媟燮　○　浙摺囁剳哲輒折淛懾　徹掣

澈轍撤　設攝歙　涉舌　歇脅脅蠍　俠協葉挾洽頡　謁揠　拽葉饁　髮發法　乏伐罰　○　襪韈　烈列裂鬣冽　熱

官韻，合口呼　第一句，第二、三句，第六句平上去入俱官話讀

平　官(棺冠倌觀鰥關瘝綸)寬欟頑(岏)　端(耑)湍團(摶)溎　般(班斑頒搬)潘(扳拌攀拚)盤(磐槃鞶瘢)瞞(漫饅鸞蹣)　鑽鋑攢酸○　跧○○○○　歡(翾懽儇)桓(闤寰還鐶鬟環紈完圜丸鍰汍)灣(剜豌彎)湲　○**翻**○○○

鸞(孌鑾)○

上　管(筦館盥脘)欵○皯　短疃斷煖(暖煗暵)　板(版鉡)坢伴滿　纂(纘趲酇)攛○○○　○慳○○○　澣緩(澣浣皖莞綄)綰(碗椀盌)○　○**反**○○○　卵○

去　貫(灌慣觀冠丱)鏉○玩(翫)　鍛彖段(緞斷)愞　半(絆)泮(判盼)畔(辦叛瓣)幔(蔓慢漫謾墁)　鑽竄(爨)○算(蒜筭)○　○篡饌(撰譔)○○　喚(煥渙奐)換(宦幻患豢逭繯)腕(惋)○　○**販**○○○

亂○

入　括(聒適)濶○枂　掇(裰)脫奪○　鉢(撥)潑鈸(跋)末(秣抹帕)　繓撮○�○　○○○○○　豁活斡(挖)○　○**髮**○○○　捋○

涓韻撮口呼第一、二、三、五句平上去入俱官話讀

平　涓(鵑娟蠲)圈權(惓拳顴踡)原(袁猿元源垣轅黿沅)　○**顛**○○○　○**邊**○○○　鐫詮(荃悛痊筌銓拴)全(泉)宣(揎)旋(璿璇)　専(顓)穿(川)傳(船)○遄　暄(煊諼萱壎暄)玄(泫懸)淵(鴛冤)員(沿鉛援爰捐鳶圓園媛緣櫞瑗)　○**翩**○○○

攣暵

上　捲畎犬○阮　○典○○○　○匾○○○　○剪吮雋選旋　轉喘舛篆○○○　烜泫苑宛婉畹蜿遠　返反○○挽娩輓晚　巒孌軟輭媆

去　絹卷眷狷棬勸綣券倦願愿　○店○○○　○變○○○　○箭縓○選鏇旋　囀串釧傳椽篆○○　絢眩縣衒怨院遠媛掾　泛汎販範犯范○曼萬　戀○

入　蹶觖決訣譎闕闋缺○月悦閱　○跌○○○　○鼈○撇○勃○滅　蕝節絟絶雪踅　拙啜輟茁惙歠○説○　血穴抉越曰　○髮閥筏○○　劣鋝○

該韻　開口呼　第二、六句平上去入俱官話讀

平　該垓開○皚獃　黫台胎臺儓苔擡駘鮐　○○○賠○　哉災栽灾猜才財裁材纔鰓顋腮○　○釵○衰○　咍孩頦哀埃○　○○陪榔○○　來徠騋萊○

上　改愷愷鎧○○　歹嚷怠乃廼奶　○啡○○　宰載采綵採寀彩○○○　○○茝○豸○灑洒○　海亥頦藹靄○　○○○○○○

去　蓋概溉丐槩慨嘅欬咳○艾礙碍欬　戴帶泰貸太態汏大埭逮代殆逮怠迨袋待岱黛玳駘紿奈耐鼐　貝狽沛霈旆○　再載菜蔡在賽塞○　○債○○○○　餀害劾愛曖靉○　○○○○

賴睞賴籟○

入　隔刻克客○額　德得忒特○　北迫柏百拍白帛踣默陌纆驀貉貊嘿　則○賊塞○　責昃册策擇宅澤色○　黑赫劾○○　○○○○　勒肋○

與庚格同

皆韻　齊齒呼　第一、六句官話讀

平　皆偕佳街階喈揩○涯睚崖捱　○獃○○○　○○排牌埋霾　○哉○猜○才○○　齋差豺柴儕篩○　㣕諧鞋骸挨○　○○○○　咪○

上　解懈楷○駭　○歹○○○乃　擺○罷買　○宰○○○○　○抧○豸灑洒○　○駭駭蟹獬矮○　○○○○　攋○

去　戒疥芥界届介價誡蚧鞂○睚　○戴○○○柰　○拜○派○敗賣　○再○菜○在○○　債瘵瘥蠆○寨曬帥○　⿰口戒忿械邂隘餲呃阨○　○○○○　○○

入　結絜莢蛺鋏黠頁怯篋挈愜傑偈桀竭鄴臬讞業孽　○貼鐵餮怗帖諜颴絰堞垤聶撚躡涅揑　別鼈撇瞥勃滅蔑蠛篾　接睫浹楫節癤切竊妾捷截洩褻媟婕緤泄薛屑燮○　哲懾浙輒折徹掣撤轍澈設攝歙舌涉　脅歇蠍俠洽挾協葉
謁擫葉拽○○○○　烈躐裂列鬣獵熱

與堅結同入

乖韻　合口呼，第二句平上去入俱官話讀

平　乖○○詭　○䶐○○○　○○○排○埋　○哉○猜○才○○　○齋○差○膗○○　竵懷淮槐歪○　○○○○　膎○

上　拐柺○○○　○歹○○○乃　○擺○○○買　○宰○○○○　○○○○洒○　○夥○○　○○○○　○○

去　怪快塊蒯○外聵　○戴蛻兌○柰　拜派湃憊敗邁　最㝡襊蕞磤○　○債蠆砦寨○○　○壞會繪○懲　○○○○　醑○

入　國幗虢馘蟈礖蓶○　○德○○○　伯北魄珀舶墨脈脈麥衇陌　則○賊塞○　窄責册宅色○　劃或獲惑畫嫿○域　○○○○　○○

基韻　齊齒呼　第二句，第五句評上去入俱官話讀

平　基箕幾肌饑羈乩笄姬機稽譏璣雞羇饑磯蟣雞欺踦溪磎崎觭奇騎淇碁棋旂旗其期歧岐頎麒耆祁畿琪蘄跂祺衹倪儀宜霓姨疑夷沂猊輗　低羝隄梯啼稊蹄題提綈禔嗁醍泥妮怩呢臡　卑箄裨陂披被批皮貔鼙琵枇疲脾羆陴迷麋蘪糜彌眯醾　齎韲躋齏妻悽淒萋霋齊臍蠐西恓撕犀棲棲嘶○

知緇菑輜錙淄緇枝之脂胝卮芝肢癡癡鴟蚩笞嗤媸魑絺持踟馳池墀坻治施屍屍獅師螄蓍匙堤　希羲犧嘻熹嬉禧欷巇稀熙醯奚蹊攜兮畦嵇衣伊醫噫依黟咿褘移彝頤遺貤飴怡痍匜扅詒　非扉霏妃肥○微　離蘺蘺犁梨籬璃驪鸝漓罹莉貍蠡褵黧藜黎蜊而

上　己紀幾幾起豈啟棨綮杞芑屺啓稽跂技妓跽擬矣已綺蟻艤　邸的牴抵底觝詆弤砥體弟你旎禰瀰　比妣匕俾鄙粃秕仳陛痞否米靡弭　濟擠霽泚瘠徙洗璽蓰蹝屣葸○　只枳徵黹侈恥祉痔矢屎始使豕史弛氏　喜僖倚旖椅扆

以迤苢苡　匪誹菲蜚○○亹尾　里禮理運醴邐履蠡○

去　寄冀記計既曁驥髻葪季覬繼洎器企氣契棄憩炁棄忌悸偈詣讛睨義誼刈乂議毅藝羿　帝嚔諦蒂替涕剃薙殢屜地締禘第棣悌娣遞膩泥慖　閉賁蔽秘轡嬖臂閟畀庇詖毖譬帔屁濞備鼻斃弊婢避敝被陛幣狴媚袂謎魅　濟際祭隮砌妻眦劑細壻○

智贊誌摯痣志致觶輊寘胾饎躓忮識幟熾　穉痔彘稚雉褫治世弑使勢誓　戲餼係系繫意殪憶懿縊億臆瘞衣翳瞖饐異肄易廙裔曳洩　費沸芾吠翡○味未　利菈涖儷隸荔詈麗戾吏哩菈紩○

入　吉急級訖給汲伋乞泣詰及岌佚　的剔狄暱匿怩昵必畢筆匹疋弼密蜜謐宓　即跡喞七漆柒疾嫉集蒺楫悉蟋膝席隰蓆襲質陟窒執汁織飭斥敕勅值直植秩殖失室實拾十肸吸歙麧橶一挹悒揖邑乙弌逸鎰佾

○○○○　立笠粒苙日

右以知母舌上音，舌上抵齶者納入正齒音，在舌上而出音，此爲辨音未精。所以三十六字母缺一不可。

貲韻　齊口呼　此韻無上三句，即從㊀㊁牙音起。**此韻不順口**

平　貲諮姿諮孳茲滋資孜薋粢齊趦雌慈呰疵祠茨磁　斯偲緦私絲司思罳愢厮　詞　支祇差遲詩時禔　○墟南豐土語讀○○○　飛○○○　黎孋兒

上　子梓姊紫耔仔此紫死似巳姒祀粨兕　紙址沚指旨咫止趾第芷祇齒祉茝士豸俟仕峙涘始駛是　○○○○　非○○○　鯉李裏俚娌耳珥餌爾邇

去　恣背次刺自字漬四伺肆賜駟泗寺嗣飼食　至制置製廁翅滯傺雉試音勢貰侍噬舐恃筮視謚嗜事是市氏示　○○○○　肺○○○　厲痢勵例俐礪糲蠣二貳慖樲餌

入　即漆集膝襲　櫛(職織)叱(黜)瑟(拭烒識式軾飾虱蝨)○　迄(扢)○○翼(翌弋翊)　拂(髴)○○○　栗(慄溧)○

規韻　合口呼　除第七句外，全韻俱官話讀

平　規(龜瑰閨歸皈圭)魁(盔詼虧窺奎恢睽刲闚)葵(逵騤馗夔)巍(嵬危桅)　堆推頹挼　杯(盃桮悲碑陂)丕(坯醅)裴(徘培賠陪)梅(黴枚眉楣玫嵋煤媒莓)　○催(縗)摧(崔)雖(綏睢)隨　追(錐)吹(炊)槌(椎鎚搥鎚)榱誰(垂陲)　灰(麾徽)揮(輝暈撝)回(佪廻茴洄)

威(葳偎煨逶隈)　爲(維韋違惟闈帷圍)　非(緋飛霏裶)肥○微(薇)　雷(纍縲羸)蕤

上　詭(宄軌簋鬼晷癸姽跪)傀跪(揆)　隗○腿○餧　彼(鄙)俖○美　嘴○罪髓○　捶(棰)揣○水箠　毀(卉賄虺燬)○(匯)委(痿猥諉)　葦(偉唯洧韙)　斐(菲篚誹)膹○尾　壘(磊蕾儡藟誄纍)蘂(蕊)

去　貴(愧媿桂會鄶儈獪檜劊膾)喟匱(簣饋簣餽闠櫃)魏(僞)　對(碓)退隊(憝)内　背(輩)配佩(邶倍悖誖焙珮背)妹(昧寐)　醉翠(脆啐毳倅)萃(悴瘁)歲(粹碎祟誶睟)　遂(隧穗燧彗)贅(綴)吹懟(縋墜硾)　稅(帨)瑞(睡)　誨(晦喙悔諱噦翽嘒)潰(蟪恚慧蕙惠憒繪匯櫘)

穢(畏尉慰熨)　胃(蝟爲鋭衛謂位彙緯渭)　廢(肺)吠(翡)○未　類(淚擂累耒)芮(汭)

入　轂(穀)哭(酷)掘擢　督(篤)禿毒(髑犢櫝讀讟獨)傉　卜撲僕(濮瀑)沐(木)足簇(蔟)族宿(觫速)○　竹(祝)蓄(畜)逐叔(縮謖踧倏菽)淑(熟)　熇觳(斛)屋(沃)○　弗(髴紼拂佛)佛○勿　録(碌鹿緑禄)

辱(褥)

與公穀同

鉤韻　開口呼　第二句平上去入俱官話讀

平　鉤勾溝䦙摳○○　兜桄偷頭投骰○　○○裒抔掊謀矛蝥侔眸牟鍪　鯫諏陬○剽○叟涑○　鄒緅騶芻謅愁搜廋蒐摉颼艘○　齁猴侯餱喉篌餱謳歐鷗甌○　○不○芣桴○○

樓褸螻摟嘍髏僂○

上　苟狗垢口○偶藕耦　斗陡抖䱏鋀○　掊剖瓿牡畝某畆　走椒○叟藪瞍嗾廋○　掫鞦[illegible]溲受　吼后厚嘔毆○　○否○○○　簍○

去　搆覯構媾購㲉姤夠遘寇叩○○　鬪透豆痘逗荳竇耨　○○腤茂毷貿楙瞀戊　奏輳湊腠簇剽嗽○　縐皺箈僽驟瘦漱壽　蔻詬候后逅後漚○　○阜○○○　漏陋鏤○

入　格隔客克刻剋○額　得德慝忒特螣　迫百北拍匐帛白陌默　則○賊塞○　礫責拆測冊策惻翟擇澤宅色○　黑刻○○　○○○○　勒○

與庚格同

鳩韻　齊口呼

平　鳩丘邱蚯求裘球逑仇賕虯鏐毬牛　丟○○○　彪○滮繆　啾揪秋鞦酋遒蝤修羞饈囚泅　周舟週州洲賙譸輈抽惆瘳[1]　儔躊稠酬裯疇籌綢讐酧紬收售　休咻庥貅○憂優幽呦麀尤遊遊猶猶由油悠攸猷蚴輶疣郵

○浮芣蜉○○　留榴硫劉流瘤琉旒遛柔蹂揉

①「瘳」原訛作「廖」。

上　九赳玖糾久灸韭韮糗舅咎臼○　○陡○○扭紐狃忸　○○○○畝　酒○○滫醙○　肘帚箒幕丑醜穋紂首手守受綬　朽○黝有友酉佑誘牖莠　否釜缶○婦○○　柳綹蹂

去　救廄究疚闃舊柩○　○○○○狃　○○○謬　僦○就鷲秀繡宿袖岫　晝咒臭胄宙紂驟獸狩首授綬售　嗅○幼又宥柚侑右祐囿　副富阜復負婦○○　溜輮

入　給級吉急泣乞詰極及佚岌　的剔狄笛暱昵匿　筆必畢疋匹弼密蜜　跡七疾蟋膝悉　隰席蓆襲陟織戠執質勅敕熾飭斥蟄植直姪秩濕室溼失拾實十　翕肸吸檄壹乙抑挹一泆逸　○○

○○　立日

與京吉同

姑　韻合口呼　第二句平上去入俱官話讀

平　姑菇鴣沽孤辜呱酤觚箍　枯骷○吾梧吳蜈　都瑹徒塗圖屠途荼酴　奴駑孥帑　逋餔晡鋪蒲蒱菩葡匍模謨摹嫫摸　租粗麤犓徂殂蘇酥甦○　○初芻雛鋤疎蔬梳疏○　呼虖胡餬糊狐瑚弧瓠湖葫鬍衚蝴壺乎醐猢

烏惡汙嗚洿汙窏○敷桴跗孚専膚夫趺俘莩扶蚨芙符苻鳧○無誣毋巫無蕪盧罏纑鱸轤盧瀘顱臚爐○

上　古蠱罟瞽羖股估盬賈椵鼓詁苦○五伍午仵　覩賭堵睹肚土吐杜弩努　補圃譜普浦溥部簿母姆媽姥拇　祖組○粗○○○　齟俎楚鉏所數○　虎滸琥户滬祜扈怙岵塢○　撫脯腑頫黼府俯甫俛斧拊簠

輔父腐○武嫵憮侮舞鵡廡碔　魯擄鹵滷嚕櫓虜○

去　顧故雇錮痼固庫褲絝胯○誤寤悟晤悞忤　妒蠹兔菟度渡鍍怒　布佈怖舖步捕哺埠暮慕募墓　做措錯醋厝酢祚胙阼素愫遡塑訴溯愬○　詛○助疏數○　○互護汙惡○　赴傅賦訃付僕附駙

○務霧婺騖　路潞路露輅鷺○

與公穀同

入　谷鵠牯轂梏嚳酷掘兀　篤禿纛牘獨髑櫝毒○　卜扑爆鵚　卒蔟族簇○　竺畜逐菽縮叔淑　忽斛沃○　紼拂佛髴弗佛○勿　陸六菉戮蓼辱

居韻撮口呼

平　居駒俱拘車裾區嶇驅袪軀墟胠渠瞿臒衢蘧蕖軥磲魚漁虞隅盂嵎愚娛予妤俞舁輿歟雩　○○○衂　○○○○　疽且雎蛆趄沮苴菹趨　○須鬚需胥濡糈徐　朱株豬豬諸誅珠侏蛛硃邾樞摴姝除櫥廚儲躇蹰書紓舒輸殊茱銖蜍虛噓歔籲

○於迂紆諛愉逾萸畬腴臾餘餘瑜榆覦踰渝窬於揄　○○○○　閭驢廬氀如嚅儒襦茹

上　舉矩榘踽巨拒詎鉅距秬炬窶㢆語圄𪖘圉齬　○貯褚○○女　○𨚗○○○　苴咀齟取聚○醑緒序敘　主炷煮渚拄麈杵處楮杼柱暑鼠黍豎墅　許詡咻○傴噢羽與禹愈雨宇庾瘐　○○○○　呂旅侶褸縷膂筥

汝乳

去　據倨據屨裾鋸踞句去具懼遽遇禦寓馭　○貯○○女　○𪖘○屁○○　怚足娶趣覷聚絮○敘　著註紵駐鑄注澍炷貯苧處住箸筯佇竚恕庶樹曙署薯豎　嘘酗煦○嫗淤瘀飫豫預鸒喻諭譽裕雨芋○○

○○ 慮屨濾孺茹濡

入 菊華曲局獄慾欲玉 ○○○○ ○卜○○睦牧繆穆 卒促族衂粟恤戌宿肅夙俗續 燭囑粥築祝觸軸躅捽率蜀孰塾淑贖 旭○彧鬱噢毓育浴 ○○○○ 陸六肉月

與弓菊同

根韻 開口呼 第二句平上去入官話

平 根跟報○垠 ○登吞○○ ○奔○○○ 簪争○○○○ 臻蓁榛溱○岑涔諶莘駪詵甡森參○ ○痕恩○ ○分○○○ ○○

上 頣懇懇忐○○ ○○○○ ○本○○○ ○○○○○ 觫齔○痒○ ○很狠○○ ○粉○○○ ○○

去 艮硍○鎧 ○○○○ ○夯○○○ ○○○○○ 譖讖○滲○ ○恨饐蔭○ ○憤○○○ ○○

入 革膈隔刻○額 德得惪忒特搦 北拍踣墨 則○賊塞○ 適摘謫簀仄昃側測柵嘖澀色○ 嚇覈核厄扼阨○ ○弗○○○ ○勒○

與庚革同

巾韻　齊口呼

平　巾襟筋斤金衿今觔欽衾勤禽擒芹琴噙芩懃銀吟鄞淫誾嚚　○丁○○紉　賓斌豳彬檳濱邠繽頻嚬貧顰蘋嬪民緡閩瑉　津親侵駸秦辛新心薪莘尋潯　真斟針珍箴鍼砧甄嗔瞋陳沉涔塵臣琛辰晨岑申伸紳身呻深娠神　欣昕

礩因音氤陰湮姻殷闉絪慇裀寅夤　○勳南豐土音讀○○○　鄰霖林麟淋臨琳麐人任仁壬紝

上　緊謹錦巹堇矜噤○　○頂○○抿　稟品牝閔憫敏泯湣黽緡　怎寢儘伈蕈　軫枕診賑畛黰紖哂嬸審沈諗矧蜃腎　○○隱飲癮引蚓　○勳上聲○○○　廩凜懍忍飪稔荏衽

去　禁○近廑堇瑾饉僅覲靳噤妗憖　○訂○○賃　鬢儐殯擯○○○　晉縉浸進搢沁盡信迅訊燼藎贐　震振鎮櫬襯疢趂闖齓鴆陣朕閔慎甚　釁衅○印蔭癊胤　○勳去聲○○○

吝躪藺刃認恁仞任牣

入　擊戟激殛棘吃隙綌極劇屐亦驛懌逆　嫡滴的惕剔踢敵笛狄覿滌迪溺　必疋匹弼覓　迹脊勣跡績稷積即唧葺緝集息媳翕膝舄析習襲夕穸　桎執戢窒炙隻恻赤螫飭斥擲𥡴釋嗇食蝕石碩　虢洫闃檄抑益疫役譯

○○○○　歷力礫入

與京戟同

昆韻　合口呼（袞平聲）

平　昆(鯤崑褌)坤(髡堃)○倱　敦(惇墩)暾屯(豚臀飩燉)麐　奔(賁犇)噴(歕)盆門(們捫)　尊(樽)村(邨)存(蹲)孫(蓀飧猻)○　○○○○○　昏(婚葷閽)魂(渾餛)温(瘟)○　分(紛芬雰)墳(汾焚棼氛濆)○文(紋聞雯蚊)

論(侖掄)○

上　袞(滾)緄(稇梱捆悃壼閫)○齳　○(臺)睡○炍　本○獖(笨)潹　撙忖鱒損○　○○○○○　惛混(焜)穩○　粉(忿)○○吻(刎肳脗抆)　惀○

去　睔(棍)困○諢(顐)　頓褪鈍(遁遯)嫩(嫩)　逩噴(歕)坌悶(們)　焌寸鐏巽(遜)○　○○○○○　惛慁(溷渾)慍(惲蘊醞)○　糞(奮分)憤○問(紊絻汶)　論○

入　骨窟(矻)紇杌(兀)　咄突(傄)揬訥　不哱孛誖(孛脖勃渤)没(歿殁)　卒猝捽窣○　○○濁蟀(率)○　笏(惚忽)紇鬱(尉熨)○(兀)　艴(祓紼韍韨沸弗茀拂)佛○物勿(此句官話)硉○

鈞韻　撮口呼　第一、六句官話讀

平　鈞(均軍麕君)困(峮)羣(裙)○　○○○○　○(烹)○○○　遵(尊)逡(皴)○荀(洵徇旬詢郇恂)循(馴巡)　諄(肫窀吨迍)春(椿)脣(脣)娉純(鶉淳醇蓴)　薰(勳勲醺熏)○醞雲(芸澐耘紜筠郧員雲勻)　○(分)○○○

倫(輪淪綸)犉

上　窘稛菌尹　○○○○　○○○○　撙○○笋(隼筍)○　準蠢○○盾　○○氳隕(允殞)　○(粉)○○○　輪蜳

去　○○郡韻(泳詠韵)　○○○○　○○○○○(盂)　俊(駿餕儁峻)竣○濬殉　盹○○舜(瞬)順　訓○蘊(愠)運(暈)　○(奮)○○○　淪閏(潤)

入　橘屈倔(崛)○　○○○○　○(別鼈)○拔○(没)　卒○崒恤(卹怵戌䘏)○　絀黜(出)朮帥術(述)　獝驈爵聿(遹矞)　○(弗)○○○　律入

高韻　開口呼　第二句平上去入官話

平　高(膠樛餻糕膏羔轇篙皐臯櫜)尻○敖(廒遨嗷熬獒鼇翺鷔)　刀(刉)叨(絛滔韜饕)陶(檮綯逃鞀桃濤淘啕掏鞉咷萄)猱(鐃撓譊怓)　褒(苞包胞)抛　袍(脬炰匏庖咆刨跑)毛(旄茅髦貓錨)　遭(糟)操曹(槽漕嘈螬)騷(繅搔臊)○　昭(招朝)○○○○　蒿豪

濠壕毫號嗥　鏖(凹坳)○　○○○○　勞(醪牢撈)橈

上　稿(縞杲槀)考(拷攷)○犢　倒(搗禱擣島)討道(稻)腦(嫐惱瑙撓)　寶(保堡鴇褓)𦐇抱(鮑)卯　早(棗蚤藻)草皂掃(嫂婈)○　招○○○　好鎬(暭皓灝浩昊皜)襖(媼懊拗)○　○○○○　潦(老)○

去　告(誥)犒(靠)○傲(鷔)　到套導(盜蹈道悼)鬧(淖)　報(豹爆)砲(礟泡炮)暴(抱瀑)帽(耄媢冒貌瑁眊)　竈(躁灶)糙(操造慥)皂燥(噪譟)○　詔(照曌)○召(旐趙肇兆)○劭　耗(好)號(浩)奧(隩)○　○○○○

勞(嫪憦)○

入　閣(各擱)恪○鄂(蕚諤噩愕)　沰橐(託柝)鐸(度)諾　博樸(撲粕)雹(泊亳箔薄)寞(莫幙幕漠膜摸)　作錯鑿(昨作)索○　卓(桌)○着○○　郝涸(鶴)惡○　○縛○○　洛(烙駱落樂酪絡)○

與岡高同

驕韻　齊齒呼　第一、第二、第六句平上去入官話

平　驕嬌蛟交郊教鮫澆蹺蹻敲磽墝橋喬翹堯徭窯　貂彫鵰凋刁雕挑祧條苕迢佻調齠笤髫蜩嬈撓　標杓臕飄漂瓢嫖苗描　焦蕉椒鍬樵瞧嫶蕭銷逍宵霄綃消瀟硝魈簫○　釗謿嘲超抄鈔潮朝巢晁鼂燒艄筲韶梢　囂鴞枵驍梟

爻淆肴殽餚崤夭妖邀腰麼袄要遥瑶摇謡猺姚　○○○○　聊嘹鐐遼寮撩橑瞭寥屪鐃蕘

上　矯徼攪絞狡皎姣皦巧○齩咬　鳥蔦窕掉裊撓嫋嬝　表婊縹瞟殍摽眇淼藐杪渺秒渺　勦悄愀灑小篠○　沼找爪抓吵炒謅趙少稍紹　曉皛杳窈殀㫏　○○○○　了燎繚瞭蓼擾遶繞

去　叫教較校窖餃覺竅轎嶠獟　弔釣糶眺掉調跳溺尿　俵剽漂票驃妙廟繆醮俏峭誚譙噍笑嘯肖鞘鞘○　照詔罩鈔召櫂少邵　孝哮效傚効要耀曜鷂燿　○○○○　料廖瘵○

入　角榷桷確慤推噱岳嶽樂　○○○諾　駁剝樸朴雹邈藐　爵雀鵲嚼削○　椓酌啄琢著涿捉斲齪綽濁濯鐲擢棹槊朔鑠數芍杓　謔學握喔幄渥齷○　○縛○○　略掠若

歌韻　開口呼　第二句俱官話讀

平　歌謌哥牁柯軻哥翗俄莪娥蛾峨鵝哦　多拖他駝馱鮀酡跎陀沱鼉挪那儺　○波○○○　銼蹉搓瑳醝瘥娑梭○　○○○○○　呵苛訶何荷河阿痾○　○○○○　羅鑼玀蘿囉○

上　哿舸笴可坷岢○我　彈○舵柁娜那　簸○頗○○　左屮○○○娑○　○○○○○　○荷叵○　○○○○　裸倮○

去　箇(個 個)艘○餓　㓦○馱(大)那　播(簸)○(破)○○　佐(做)○○○○　○○○○○　○賀侉○　○○○○　邏○

入　割(葛 轕)渴○○　靻撻達捺　博潑跋茉(沫 袜)　作○○○○　桌(卓)○○○○　郝(喝)褐(曷 蠍)遏(閼)○　○○○○　洛○

與干葛同

戈韻　合口呼　第二句平上去入俱官話讀

平　戈(鍋)科(窠 蝌)○訛(譌)　○(图)佗牠挼　波坡(玻)婆(鄱)摩(磨 魔)　○○矬梭(唆 蓑)　○○○○○○　[口靴]和(禾 穌)倭(窩 渦)訏　○○○○　騾(螺覶 覶)○

上　果(菓裹 蜾)顆○○(厄)　朵(朶 躲)妥(墮)垛○　跛頗(叵 尀)爸麼　○(左)脞○(坐)鎖(瑣)○　○○○○○　火夥(禍)婐○　○○○○　蠃(躶 裸)○

去　過課(騍)○臥　㓦唾惰懦(糯)　播破蔢磨　挫(趖 佐)剉(銼)坐(座)○(些)○　○○○○○　貨和汚○　○○○○　蜾○

入　椁(郭 槨)擴(廓 鞹)○○　掇脱奪諾　撥(鉢)潑魃(亳 跋 箔 泊 薄)抹(襪 帕 末 帓)　○○○○○　捉(酌)戳○朔杓　霍穫(壑)蠖籰　○○○○　落○

與光郭同

迦、淲、拏三韻之韻首皆借音也。迦爲韻首，淲爲首句第二字，拏爲第二句第四字。

迦同南豐土語讀豬韻　齊口呼　第二、第四、第五、第六句平上去入俱官話讀

平　迦〇茄耶　爹〇〇㸲　〇〇〇〇哶　嗟艫查些邪斜　遮車硨〇奢賒闍佘蛇　〇〇〇爺玡　〇〇〇〇　囉婼

上　〇〇〇〇　〇哆〇〇〇　〇〇〇乜　姐且抯寫炧　者赭撦扯〇捨社　〇〇〇野也冶　〇〇〇〇　〇惹

去　〇〇〇〇　〇〇〇〇　〇〇〇〇　借笡藉瀉卸謝榭　蔗鷓柘這赿〇舍赦麝射　〇〇〇夜　〇〇〇〇　〇偌

入　拮訐頰孑潔揭結蛺黠鋏夾刦頁　怯愜篋挈　竭偈傑桀笈　業讞嚙孽臬鄴　〇鐵貼饕帖怗　跌牒蝶耋迭疊　涅捏聶撚　蹩別撇瞥勃篾蠛蔑滅　節睫接癤浹楫　竊妾切　截捷　薛絏褻屑泄燮洩媟　〇　浙摺哲折輒懾　徹掣　澈撤轍　歙設攝　涉舌

蠍歇脅　挾洽俠協葉　謁揠厭　葉拽　〇〇〇〇　烈列裂　熱

與堅結同

淲韻　撮口呼　首句、六句官話讀

○①**南豐俗語所謂〔舌便得其音**

平　○淲瘸○　○○○○　○○○○　○○○○○　○○○○○　靴(鞾 吪)○肥○　○○○○　○(聽)○

上　○○○　○○○○　○○○○　○○○○○　○○○○○　○○○○　○○○○　○○

去　○○○○　○○○○　○○○○　○○○○○　○○○○○　○○○○　○○○○　○○

入　厥(譎蹶觖 決訣蕨)缺(闕 闋)掘悅(閱刖 月)　○○○○○　○○○○○　蕝絟絶雪趧　輟(啜惙 茁拙)歠○說○　血穴抉粵(越鉞 曰樾)　○閱(筏)○○　埒(劣)○

與涓厥同

拏韻　開口呼　○②**同南豐土語讀家，此家韻自第二句以下，悉與嘉韻同音，平上去入皆然**

平　○○(齁)○○(衙)(南豐土音讀)　○○(他)○拏(拿)　巴(疤豝 芭)葩杷(爬 琶)麻(蟇蟆 媽痳)　○○(嗏)○○○　查(渣)叉槎(查 茶)沙(紗砂 裟)○　○(遐)○(鴉)○○　○○○○　○○

① 「○」指平聲見母位，注文爲對該音的説明。

② 「○」指平聲見母位。

上　○○○○　○○○絮　把䆉○馬碼瑪螞　○○○○○　鮓奼奓灑○　○○○○　○○○○　○○

去　○○○○　○○○胯　覇壩灞怕罷罵　○○○○○　詐榨○乍蜡嗄○　○○○○　○○○○　○○

入　閤鴿蛤溘瞌磕榼○哈　答褡搭荅榻撻闒獺踏塔遢嗒榻傝搨㒓達塌闒蹋遝納　○八○○拔○　帀咂○雜磼颯靸卅○　○○○殺煞○　○盍盒合闔○○　○○○○　拉邋蠟臘辣○

嘉韻　齊口呼　平上去入首、六句俱官話讀

平　嘉豭痂枷笳袈葭跏珈家加呿伽衙芽　○○他○拿　○巴○○○麻　○咱○○○○　○渣差○沙砂○　鰕呀遐霞瑕瘕蝦鴉丫牙　○○○○　○○

上　賈斝假檟踋○○疋庌　○打○○○　○把○○碼馬螞　○○○○○　磋○○○耍○　閜下啞雅　○○○○　藞碆○

去　駕價架稼嫁骼○迓　○○○○　欛壩霸灞○怕○罷罵　○○○○○　○詐詫岔侘姹蜡乍廈○　罅下暇夏亞婭訝　○○○○　○○

入　戛夾恝甲袷恰掐○○　○答○撻○闒○納　○八○○拔帕　○咂○○雜○颯○　札劄插察擦剎霅煞喢啑箑殺霎歃撒○　瞎呷匣洽柙挾狎狹峽轄硤押閘鴨壓　○○○○

○○辣髾

瓜韻　合口呼

平　瓜蝸媧誇○○　○○他○○拿　○巴○○○　○○○○○　撾○茶○○　花華譁划蛙洼哇娃○　○○○○　彎○

上　寡剮髁○瓦　打○○○　○把○○○馬　○○○○要○　○浶○耍傻○　○踝踝窊㧟○　○○○○○　○○

去　卦罣掛掛跨胯○宼　○○○○　○霸○杭帕稗○罵　○○○○○　○詐○○乍○○　化話畫摦○　○○○○　○○

入　刮劀○刖　○獺○豽　八捌汃拔帕　○○○○○　扎札紮劄詧察○刷○　○滑猾嗗挖曰粵鉞　法髮發罰乏伐○襪　○○

合　平　公東○騣中烘風隆　上　䩷董琫總腫哄捧隴

口

呼　去　貢凍○粽衆烘諷弄　入　穀篤卜卒祝忽福禄

每指四位，四指共十六位，重之則三十有二，三十二音備矣。凡過一韻，順口讀去，曲大指數之，得音即止，毫髮無差。

調音貴得其平，故初發聲爲平聲，升上爲上，過去爲去，四聲盡則入矣。

標射切韻法 蓋射者先立標的，然後可指而射焉。右三十四字，皆標也。今以兩字切一字，上字做標，下字做箭。如德紅切，先審德字在入聲內，與革字同韻，便在革字上數至第二句第一字，是德字，爲標；次審紅字在平聲內，與公字同韻，便在公字上數至二句第一字，乃東字，是也。餘倣此。

空谷傳聲

一定攝　二定韻　三定聲　四定句　五定字

隔標歌

舌頭正齒彼此交，輕唇重齒爲同胞。齒頭正齒往來借，三標詳明莫輕抛。
半齒原借正齒末，半舌仍向齒頭敲。自古相傳爲妙訣，不可忽此任逍遥。
見溪群疑切不穩，即向曉匣影喻找。舌頭末字半舌呼，深喉又與淺喉交。

隔標切字法

甫遥切標（輕唇與重唇借）　房脂切披（輕唇與重唇借）　符艱切偏（輕唇與重唇借）　胡官切完（深喉與淺喉結）

隔列歌

隔列之法最宜學，攝内交互總無訛。其聲借他某聲字，此位何須他位挪。

隔列切字法

涓攜切圭是基韻借規韻　伯加切巴是嘉韻借拏韻　莫江切尨是江韻借光韻　莫交切茅是交韻借高韻　莫駕切罵是嘉韻借拏韻　奴交切鐃是交韻借高韻

隔標隔列法

隔標換位不換韻，一韻之中上下錯。隔列換韻不換位，一攝之中定開合。

借攝歌

借攝之法亦甚周，四攝五攝兩相謀。十攝十一攝十二攝兩相借，不患鄰字無術求。

借攝者，如四該、皆、乖内，皆切不穩，即於五基、賫、規内取之。十歌、戈内皆切不穩，即於十一迦、淲，十二拏、嘉、瓜内取之，亦彼此互借。只四攝、五攝許借，十攝、十一、十二攝許借，他則不可。又必開先於合借，不穩，仍向齊借，又不穩，仍向撮借。如白伽切皤，是十一攝迦韻内，向十攝歌韻内借。許戈切靴，是十攝戈韻内，向十一攝淲韻内借也。

借攝切字法

古外切貴（是四攝借五攝） 五伐切月（是十二攝借十一攝） 具牙切伽（是十二攝借十一攝） 芳槭切伐（是十一攝借十二攝）

翻清歌

翻清之法最爲奇，讀韻學士多不知。首字翻到三字上，三字又翻首一字。五位上是翻三位，三位下翻五位居。只在本句上下翻，不許他處爲尋覓。

翻清切字法

蒲末切跋（是至濁搆至清） 直由切儔（是至清搆至濁） 杜兮切題（是至清搆至濁） 巨巾切勤（是至清搆至濁） 徒穀切讀（是至濁搆至清） 宅加切茶（是至清搆至濁）

五音清濁歌

羽音至清徵次清，角在半清半濁中。宫音至濁商次濁，清濁陰陽不混同。○⊙◑◘●

凡圈白者純清，屬羽。有黑點者次清，屬徵。半黑半白者清濁均有，屬角。黑多白少者屬商，全黑者純濁，屬宫。逐指細看，五音之清濁分矣。

宮，舌居中。商，開口張。角，舌縮約。徵，舌抵齒。羽，唇上取。

合 公光官乖規姑昆戈瓜　**開** 庚岡干該鉤根高歌拏

齊 京江堅皆基賁鳩巾驕迦嘉　**撮** 弓涓居鈞淲

反切法

以兩字切一字，上字爲標，下字爲箭。上字順口順至某句第幾字（爲標），下字則照本聲（照上字數目）數至某句第幾字便是。如鎖爲切，鎖在果，順口數至四句第五字（齒頭音），爲在規（是平聲），順口數至四句第五，乃隨字是也。如拱伍切，拱是韻頭，伍在古，即是古字。如有人報慎漾切，慎在靳，五句第五，漾在绛，數至五句第五，乃尚字也。如有人報賞察切，問是何字，答云：賞在襁，數至五句第四字，再看察在結，順口數至五句第四，乃殺字也。凡反切以及空谷傳聲，打碼修書，隔壁敲語，都要將公空頏峴四聲念熟，方不錯也。

●上爲齒●下爲牙。　不認得的字，只須順口橫念。

修書每字只用用四碼，不必用定句碼數。隔壁敲語，必須五碼一字，若用四碼，則字數太多，恐聽者有誤。

四碼法

一定攝（若公弓庚京，頭碼便打Ⅰ碼，若在拏嘉瓜內，則打亠碼。）　二定韻（若在弓韻，二碼打Ⅱ，若在瓜韻，則打Ⅲ。）　三定聲（如平聲打Ⅰ碼，上聲則打Ⅱ碼。）　四定字（如頭句第一字，打Ⅰ碼，末句第末字，打ⅢⅡ碼。）

此書有裨小學，約舉其端

一辨宮商角徵羽，二辨牙舌脣齒喉五音，三辨開合齊撮口呼法，四辨平上去入一字有幾聲讀法，五分陰平、陽平，陰去、陽去，六辨清字義，七認字可類推，八反切明確，九空谷傳聲，十打碼修書，十一隔壁敲語，十二音本中州，皆官話，無土語。

今之官話，大都多古音也。此書原本古音，則是全屬官話，安有土語？然凡字之音，有官話、土語相同者，有官話、土語各異者。茲置其同者勿論，而於其異者，特表而出之曰官話。凡有應官話讀者，皆用硃標出某句。每句中不盡屬官話，則不復分析。不過欲令讀者知於某句中注意，庶叶韻不至參差。雖當有漏未標出之句，然大概具是矣。辛丑九月三安識

翻切之學根於等韻，等韻三十六字母，七音之總括也。大約六朝之後，隋唐之間，精於音學者爲之。自孫炎撰《爾雅音義》反切法，即本三十六字母爲之。三十六字母，不可增，不可減，不可移動。學者既識平上去入四聲，即當究字母七音。縱爲四聲，横爲七音。崑山顧亭林，安溪李文貞公，婺源江慎修，皆講貫古韻，研求七音。至金壇段懋堂古音十七部，而韻學欲密。然等韻七音清濁之辨，江氏尤精。九叔此書，既變七音之横列爲直行，而字母少舌上音知徹澄娘，只得三十二字母。所用十二攝韻首法，與《康熙字典》十二攝韻首又不同。未知傳自何人。書中與江氏齟齬處，不勝遍舉，惟當日朝夕咿嚘（凡同切之字，略載本位，陽平陽去朱印標出），用力甚勤，不無心得之處，可留以備考耳。（來母角音無清，原本注羽，大誤也，今爲更正）。

戊午四月二十日孚周謹跋

見溪群疑四母，牙音也，原本悉以爲喉音，精清從心邪五母，齒頭音也，原本悉以爲牙音，毫釐千里，今皆更正。三十六字母第三句，係知徹澄孃，據江慎修《四聲切韻表》，知徹澄孃四字母皆舌上音，此書無此四字母。孃母舌上抵齶音，改爲舌端擊齶音，猶爲相近也。知徹澄三母，音皆舌上抵齶，而俱納入正齒音。今音在齒上，則大誤也。是以三十六字母，不得删去知徹澄孃舌上音四母，而縮爲三十二字母。　廿一日孚周再跋。

空谷傳聲

錦里遺人墨農自題

空谷傳聲

錦里遺人墨農自題

平 宮十四寒

官寬〇屼端湍團〇般潘盤瞞
鑽〇攢酸〇〇〇〇〇〇歡桓
〇完〇〇〇〇鸞〇

上 宮十三旱

管款〇屼短疃斷〇叛〇伴滿
纂〇〇酸〇〇〇〇〇〇〇緩
椀椀〇〇〇〇卵〇

丨宮 刂宮 宮 刂菅 五

去 宮十五翰

貫〇〇玩鍛彖〇〇半泮畔幔
〇竄〇筭〇〇〇〇〇〇喚換
惋惋〇〇〇〇亂〇

入 宮十六黠

刮〇〇刖〇〇〇貀八叭叭帓
〇〇〇〇〇窡〇〇刷刷儈猾
〇〇髮伐韈韈〇〇

丨宮 刂宮 刂貫 入刮

讀韻法

讀韻之法，必須首提字母。字母到口，餘自因之而成誦。此所謂音韻之學，人人可能也。每圖三十二音，信口讀之，實有增之不得，減之不得，倒置不得，出自天然，無容思索，稍一停息，若無聲續矣。學者可不審音，以知按圖以誦哉？

韻繁不必盡讀，只熟讀前五韻，後各韻自能貫通。但宜字音清楚，若首差一音，後皆因之而差，不可忽也。

讀四聲式

平聲平道莫低昂，上聲高呼猛烈強。
去聲分明哀遠道，入聲短促急收藏。

標射法

以上字作標，下字做箭，箭到標處，即是某字。如徒登切，先審徒字母是姑字，從姑字數至徒字，是第七位，爲立標；次審登字母是庚字，從庚字數至第七位，即是騰字。餘仿此。

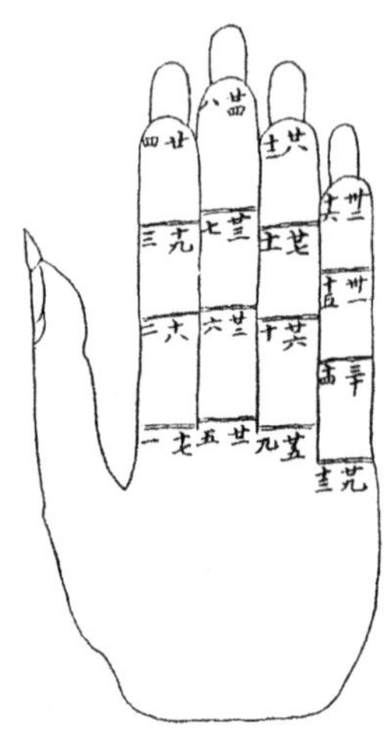

每指四位，四指共十六位，重之則三十有二，而三十二音備矣。凡遇一韻，順口讀去，曲大指數之，得音即止，毫無差錯。

反切解

既云反，又云切者，何也？反者，翻也！謂以聲韻展轉相叶而成，故曰反。切者，蹉也！謂以兩字磨盪而成，故曰切。名雖有二，義寔不殊。

傳響法

韻學傳響，先打其綱，如宮商角徵羽是也。次打其目，如光官公褌是也。三打平上去入。四打三十二音中某字。

用碼傳字法

廿四、廿四、卅一、十八、十九、四、七，黃鶴樓中吹玉笛。

證鄉談法

鄉談豈但分南北，每郡相鄰便不同。由此故教音韻證，不因指示亦難明。

贊囑等韻西江月二首

堪贊九音總括，包含萬字無差。從來切字有作家，難比如斯妙法。
有聲韻中直取，見形篇内活拿。若君紀念細熟滑，定乃真金無價。

其二

切字須憑等韻，呼吸清濁音聲。横編豎紐要叮嚀，音韻自然真正。
横豎各排千遍，師傅關鑰分明。若言此事不精靈，除是癡聾瘂伥。

字母總目

最　平　光官公褌規乖歌音戈　姑瓜
宮　上　廣管拱衮詭拐果　古寡
濁　去　誑貫貢棍貴怪過　故卦
　　入　郭刮穀骨谷國郭　谷刮

欲知宮　舌居中　喉音合口呼

次濁　商

平　岡甘庚根高該鉤裓家
上　港感梗梗杲改笱○○
去　扛紺更更告蓋構○○
入　各各格格各格○格閣

欲知商　口大張　齒音開口呼

清半濁　角

平　江京驕鳩嘉○
上　講景矯久賈○
去　絳敬叫救駕○
入　覺吉○○甲脚

欲知角　舌後縮　牙音齊齒呼

次清　徵

平　堅今皆嗟基貲
上　繭景解姐己子
去　見敬戒借寄字
入　結急○○吉職

欲知徵　舌抵齒　舌音齊齒呼

最

羽

清

平　涓溦弓均居
上　卷〇〇窘舉
去　絹〇〇〇據
入　厥厥菊橘〇

欲知羽　脣上舉　脣音撮口呼

宮七陽
平 光匡狂王 當湯唐郎 邦滂傍茫 臧倉藏桑○ 莊窗床霜○ 荒黃汪王 方房○茫 郎昂

宮二十二養
上 廣廛迋○ 黨倘蕩囊 榜滂○莽 ○○○顙○ 惝愴○爽○ 慌晃枉往 ○○○○ 朗○

綱Ⅰ宮 目Ⅰ光 Ⅰ光 Ⅱ廣 Ⅲ誑 Ⅹ郭

宮二十二漾
去 誑曠○○ 當盪宕囊 謗○傍○ 葬壯髒喪○ 壯創創○○ 貺潢○王 ○○○○ 浪○

宮十曷 十葉
入 郭濶○○ 掇脱奪○ 撥潑跋末 ○○○○○ 捉戳戳朔朔 ○○臒籰 ○○○○ 捋○

宮十四寒
平 官寬○岏 端湍團○ 般潘盤瞞 鑽○攢酸○ ○○○○○ 歡桓○完 ○○○○ 鸞○

宮十四旱
上 管欵○岏 短疃斷○ 粄○伴滿 纂○○酸○ ○○○○○ ○緩椀椀 ○○○○ 卵○

Ⅰ宮 Ⅱ官 Ⅰ官 Ⅱ管 Ⅲ貫 Ⅹ刮

宮 十五翰

去貫〇〇玩 鍛彖〇〇 半泮畔幔 〇竄〇算〇 〇〇〇〇〇 喚換惋惋 〇〇〇〇 亂〇

宮 八黠 六月

入 刮〇〇刖 〇〇〇豽 八汃汃帓 〇〇〇〇〇 窡〇〇刷刷 僒猾〇〇 髮伐韈韈 〇〇

宮 一東 二冬

平 公空〇〇 東通同〇 〇〇蓬蒙 騣〇叢鬆〇 中充崇舂鏞 烘紅翁〇 風馮〇〇 隆戎

宮 一董 二腫

上 拱孔空〇 董〇動〇 琫〇〇蠓 總樬樬竦竦 腫寵寵〇〇 〇嗊蓊〇 捧捧〇〇 隴宂

Ⅰ宮 Ⅲ公 Ⅰ公 Ⅱ拱 Ⅲ貢 Ⅹ穀

宮 一送

去 貢控控〇 凍痛痛〇 〇〇〇夢 糉〇〇送〇 眾仲仲〇〇 〇閧齈齈 諷鳳〇〇 弄〇

宮 一屋 二沃

入 穀酷酷○ 篤秃獨蓐 ○樸僕木 租蔟蔟速速 祝畜畜縮熟 ○斛沃沃 福伏○○ 祿辱

宮 十三元 十二文

平 褌坤○○ 敦呑屯麐 奔○盆門 尊村存孫○ ○○○○○ 昏魂温○ 芬墳○文 論○

宮 十三阮 十二吻

上 衮梱梱○ ○畽盾○ 本○○潓 撙○○損損 ○○○○○ ○混穩穩 粉憤吻吻 ○○

Ⅰ宮 Ⅹ褌 Ⅰ褌 Ⅱ衮 Ⅲ棍 Ⅹ骨

宮 十四願 十三問

去 棍困困○ 頓褪鈍嫩 ○噴坌悶 ○寸○巽○ ○○○○○ ○慁○○ 糞忿問問 論○

宮 六月 五物

入 骨窟窟兀 柮突突訥 不○孛没 卒猝捽窣○ ○○○○○ 忽核嗢嗢 拂佛物物 硉○

宮 四支五 微十灰

平 規魁葵爲 堆推頹雷 杯披裴枚 嗺催漼雖隨 追吹鎚綏誰 灰回威爲 非肥○微 雷蕤

宮 四紙 五尾

上　詭傀跪○　對腿隊餒　○佸○美　觜漼罪髓○　○捶揣揣水箠　毀毀委葦匪斐○尾　壘橤

Ⅰ宮　ȣ規　Ⅰ規　Ⅱ詭　Ⅲ貴　Ⅹ毅

宮五未十一隊四寘八霽

去　貴喟匱僞　對退隊内　背配佩妹　醉翠萃歲遂　贅毳毳稅瑞　誨潰穢胃　廢肺吠吠　類芮

宮九佳

平　乖快○○　○○○○　○○○○　○○○○○　○○○豺簁　○懷歪○　○○○○　累○

宮九蟹

上　拐快　○○　○○○○　○○○○　○○○○○　○○○○○　○○○○　○○○○　○○

Ⅰ宮　丄乖　Ⅰ乖　Ⅱ拐　Ⅲ怪　Ⅹ○

宮九泰十卦

去　怪快快外　○蜕兑○　拜派憊邁　最○○○○　○嘬○○○　○壞穢○　○○○○　酹○

宮五歌

平　歌科○訛　多他拕挼　波坡婆摩　○○矬梭○　○○○○○　呵何阿○　○○○○　羅哦

宮二十哿

上 果顆○○ 朵妥墮○ 跛頗○麼 坐坐鎖鎖○ ○○○○ 火夥婐婐 ○○○○ 蜾○

Ⅰ宮 二歌 Ⅰ歌 Ⅱ果 Ⅲ過

宮二十一箇

去 過課○臥 剁唾惰懦 播破○磨 挫剉坐○○ ○○○○○ 貨和○○ ○○○○ ○○

宮七虞

平 姑枯○吾 都稌徒奴 逋鋪蒲模 租粗徂蘇○ 朱初雛踈○ 呼胡烏○ 敷扶○無 盧○

宮七麌

上 古苦○五 覩土杜弩 補普部母二十五有 祖蘆蘆○○ 阻楚處所所 虎户塢塢 撫輔武武 魯○

Ⅰ宮 三姑 Ⅰ姑 Ⅱ古 Ⅲ故

宮七遇

去 故庫庫誤 妒兔度怒 布鋪步暮 祚措措素素 注○住訴數 賦附汙汙 赴付務務 路○

宮六麻

平　瓜誇○○　○○○拏　巴○杷麻　檛楂茶沙○　撾賖查奢闍　花華蛙○　○○○○　○○

宮 二十一馬

上　寡髁髁瓦　打○○○　○○○○　○○○○○　○○○○○　髁髁啞○　○○○○　○○

Ⅰ宮　文瓜　Ⅰ瓜　Ⅱ寡　Ⅲ卦

宮 十卦 二十二禡

去　卦跨跨○　○○○○　○○○○　○○○○○　○○○○○　化畫○○　○○○○　○○

商 七陽

平　岡康○昂　當湯唐囊　邦滂傍茫　臧倉藏桑○　○○○○○　頏杭○○　方房○亡　郎○

商 三講 二十七養

上　港慷慷駚黨儻蕩囊榜膀膀莽髒蒼蒼顙顙○○○○○○沆坱坱紡紡罔罔　朗○

Ⅱ商　Ⅰ岡　Ⅰ岡　Ⅱ港　Ⅲ扛　X各

商 二十三漾

去　扛抗抗○　當盪宕囊　謗○傍○　葬○臟喪喪　○○○○○　行行○○　放放妄　妄　浪○

商十藥
入 各恪恪愕 鐸託託諾 博○泊莫 作錯昨索索 ○○○○○ 郝鶴惡惡 ○縛○○ 落○

商十三覃
平 甘堪○○ 耽貪談南 ○○○○ 簪参蠶三○ ○○○○○ 含諳○ ○凡○○ 婪○

商二十七感十四旱二十九豏
上 感坎坎頷 膽毯禫湳 ○○○○ 昝慘○○ ○糂醰○○ 顑撼闇闇 ○范錟錟 覽○

Ⅱ商 Ⅱ甘 Ⅰ甘 Ⅱ感 Ⅲ紺 Ⅹ各

商二十八勘十五翰
去 紺勘勘○ 擔○啗○ ○○○○ 蹔○○三三 ○○○○○ ○憾暗暗 ○○○○ 濫○

商十藥
入 各恪恪愕 鐸託託諾 博○泊莫 作錯昨索索 ○○○○○ 郝鶴惡惡 ○縛○○ 落○

商八庚十蒸
平 庚○○娙 登鼜騰能 崩烹朋萌 增彰層僧○ 争撐橙生○ 亨横罌○ ○○○○ 楞仁

商二十三梗

上 梗肯肯○ 等鼟○能 ○○○猛 ○○○○○ ○○○眚○ 幸杏○○ ○○○○ 冷○

Ⅱ商 Ⅲ庚 Ⅰ庚 Ⅱ梗 Ⅲ更 X格

商二十四敬

去 更○○硬 嶝磴鄧○ ○○倂孟 ○○贈○○ 諍○○○○ ○行○○ ○○○○ ○○

商十一陌十三職十二錫

入 格客客額 德忒特○ 北拍白默 則鰂賊塞塞 責册册索索 黑劾厄厄 ○○○○ 勒○

商十三元十一真

平 根𦨁○垠 ○吞○○ ○○○○ ○○○○○ 臻○蓁莘○ ○○恩○ ○○○○ ○○

商十三阮

上 梗懇懇○ ○○○○ ○○○○ ○○○○○ ○○○○○ 很很○○ ○○○○ ○○

Ⅱ商 X根 Ⅰ根 Ⅱ梗 Ⅲ艮 X格

商十四願

去 艮○○○ ○○○○ ○○○○ ○○○○○ ○○○○○ 根 恨○○ ○○○○ ○○

商十一陌 十三職

入 格客客額 德忒特○ 北拍白默 則鰔賊塞塞 責册册索索 黑刻厄厄 ○○○○ 勒○

商四豪

平 高尻○敖 刀叨陶勞 包橐袍毛 遭操曹 燒 騷 ○○○○○ 蒿豪鏖○ ○○○○ 勞○

商十九晧

上 杲考○○ 倒討道腦 寶○抱菢 早草皂掃○ ○○○○○ 好鎬襖襖 ○○○○ 老○

Ⅱ商 高 Ⅰ高 Ⅱ杲 Ⅲ告

商二十號

去 告犒○傲 到○導○ 報○暴帽 竈糙○○○ ○○○○○ 耗號奧奧 ○○○○ 澇○

商十灰

平 該開○皚 ○○臺來 ○○陪○ 哉猜才腮○ ○○○○○ 哈孩哀○ ○○○○ 來○

商十賄

上　改愷○○　○○怠乃　○琲○○　宰采在○○　茝○○○○　○○海海　○○○○　○○

Ⅱ商　丄該　Ⅰ該　Ⅱ改　Ⅲ蓋

商十一隊九泰

去　蓋○○艾　戴泰太柰　○○○○　再菜在賽○　○○○○○　○害愛愛　○○○○　賴○

商十一尤

平　鉤彄○○　兜偷頭樓　○○裒謀　齵○○○○　鄒篘愁搜○　齁侯謳○　○○○○　樓○

商二十五有

上　茍口垢偶　斗斢○彀　○剖瓿牡　走○○叟○　掫○○溲溲　吼后○○　○○○○　籔○

Ⅱ商　亠鉤　Ⅰ鉤　Ⅱ茍　Ⅲ構

商二十六宥

去　構寇○○　鬬透豆耨　○○○茂　奏輳○漱○　縐簉㥮瘦壽　蔻候漚漚　○○○○　漏○

商六麻

平 裓○○○ ○○○○ ○○○○ ○○○○○ ○○○○○ ○○○○ ○○○○ ○○

商二十一馬

上 ○○○○ ○○○○ ○○○○ ○○○○○ ○○○○○ ○○○○ ○○○○ ○○

Ⅱ商 三裓

商二十一禡

去 ○○○○ ○○○○ ○○○○ ○○○○○ ○○○○○ ○○○○ ○○○○ ○○

商六麻

平 家○○○ ○○○拏 巴葩杷麻 ○○○○○ ○叉楂沙○ ○○○○ ○○○○ ○○

商二十一馬

上 假○○○ ○○○○ 把○○馬 ○○○○○ 鮓姹痄○○ ○○○○ ○○○○ ○○

Ⅱ商 文家 Ⅰ家 Ⅱ假 Ⅲ嫁 X閤

商二十二禡

去 嫁○○○ ○○○○ 霸怕怕罵 ○○○○○ 詐○乍嗄嗄 ○○○○ ○○○○ ○○

商十五合七 曷十七洽
入 閤榼榼○ 荅榻達納 ○○○○ 匝擦 雜皸皸 劄插插霎霎 喝合遏遏 法乏○○ 臘○

角三江 七陽
平 江羌強○ ○○○○ 邦○龐厖 將鏘牆襄詳 章昌牀商裳 香降央陽 方房○王 良穰

角三講 二十二養
上 講○強仰 ○○○○ ○○○○ 蔣搶搶想象 ○敞敞賞賞 響響鞅養 彷昉○罔 兩攘

Ⅲ角 Ⅰ江 Ⅰ江 Ⅱ講 Ⅲ絳 Ⅹ覺

角三絳 二十三漾
去 絳○○仰 ○○○釀 ○○○○ 將○匠相相 障唱唱餉尚 向巷怏漾 放訪防妄 諒讓

角三覺 十藥
入 覺却却虐 ○○○○ ○○○○ 爵鵲嚼削削 綽斮鑠杓杓 謔學約藥 ○○○○ 略若

角八庚九青 十蒸十二文
平 京卿檠凝 丁汀亭竌臨 兵砰平明 精清情星○ 征稱繩升成 興形英盈 分墳温文 陵仍

角二十三梗二十四迥

上 景警警脛 頂鋌挺○ 丙○○茗 井請請省省 整逞○省省 幸幸影郢 ○○○○ 領○

Ⅲ角 Ⅱ京 Ⅰ京 Ⅱ景 Ⅲ敬 Ⅹ吉

角二十四敬二十五徑

去 敬慶慶迎 定定聽○ 柄聘憑命 浸 倩倩性○ 正 秤 ○聖盛 興脛映孕 ○○○○ 令認

角十一陌十二錫四質

入 吉隙隙逆 的剔狄○ 璧僻弼覓 積七寂昔席 隻尺 食 釋○ ○檄益繹 ○○○○ 力日

角二蕭

平 驕翹橋堯 貂挑條嬈 標飄瓢苗 焦鍬樵蕭○ 昭超朝燒韶 囂○夭遥 ○○○○ 聊饒

角十七篠

上 矯巧○○ 鳥窕櫂○ 表縹殍眇 ○悄○小小 沼麨○少紹 曉皛杳杳 ○○○○ 了擾

Ⅲ角 Ⅲ驕 Ⅰ驕 Ⅱ矯 Ⅲ叫

角十八嘯十九效

去　叫竅嶠○　弔○掉尿　俵○○妙　醮○誚笑笑　照鈔召少邵　孝效要耀　○○○○　料○

角十一尤

平　鳩邱求牛　○○○○　彪○○繆　啾秋酋修囚　周抽儔收○　休○憂尤　[石+鳥]琈○○　留柔

角二十五有

上　久糗臼○　○○○○　○○○○　酒○○滫○　肘丑紂首首　朽朽黝有　○○○○　柳蹂

Ⅲ角　Ⅹ鳩　Ⅰ鳩　Ⅱ九　Ⅲ救

角二十六宥

去　救○舊○　○○○○　○○○謬　僦○就秀袖　晝○胄獸授　齅齅幼右　○○○○　溜糅

角六麻

平　嘉○○○　○○○○　○○○○　○○○○　○○○○　蝦遐鴉牙　○○○○　○○

角二十一馬

上　賈○○○　○○○○　○○○○　○○○○　○○○○　閜下啞雅　○○○○　○○

Ⅲ角 ȣ嘉 Ⅰ嘉 Ⅱ賈 Ⅲ駕 Ⅹ甲

角二十二禡

去 駕○○○ ○○○○ ○○○○ ○○○○○ ○○○○○ 鎼下亞訝 ○○○○ ○○

角八黠六月十七洽

入 甲揭揭䶣 ○○○○ ○○○○ ○○○○○ 札察○殺殺 瞎轄軋鴨 ○○○○ 捒髯

角五歌

平 脚○○○ 多他他○ 波○○○ ○○○○○ ○○○○○ ○○○○ ○○○○ ○○

角二十哿

上 ○○○○ 朵妥妥○ ○頗頗○ 左○○鎖○ ○○坐○○ ○○○○ ○○○○ ○○

Ⅲ角 ⊥脚 Ⅰ脚 Ⅹ脚

角二十一箇

去 ○○○○ ○○○○ 播破破磨 ○○○○○ ○○○○○ 賀賀○○ ○○○○ ○○

角十藥

入 脚却却虐 琢託託諾 博亳亳漠 ○○○○○ 作昨錯○○ 學學藥藥 ○○○○ ○○

徵一先十三元

平 堅牽乾妍 顛天田○ 邊偏便眠 煎千前先涎 氈梴纏羶禪 軒賢煙延 番煩淵鉛 連然

徵十六銑十二阮

上 繭遣件巘 典腆殄撚 扁○辨免 剪淺踐銑綫 展闡○○善 顯峴偃衍 ○○○○ 輦○

X徵 Ⅰ堅 Ⅰ堅 Ⅱ繭 Ⅲ見 X結

徵十七霰十四願

去 見譴健彥 殿○甸晛 變片卞面 箭茜賤霰羨 戰○纏扇善 獻莧宴衍 飯○○○ 練○

徵九屑

入 結挈傑孽 跌鐵耋涅 鼈撆別滅 節切截屑○ 浙徹舌設涉 歇纈謁拽 ○○○○ 烈熱

徵十二侵九青十蒸

平 今欽琴吟 丁汀廷寧 冰俜屏冥 祲侵灊心尋 斟琛岑參忱 歆潯音淫 ○○○銘 林吟

徵二十三梗二十四迴

上 景晴晴影 頂挺挺領 餅竝竝皿 井請請省省 整逞逞眚眚 箵箵郢郢 ○○茗茗 嶺瘿

X徵 Ⅱ今 Ⅰ今 Ⅱ景 Ⅲ敬 X急

徵二十四敬 二十五徑

去 敬慶慶迎 定聽聽○ 柄聘憑命 浸 倩倩性蕈 正 秤 ○聖盛 興脛映孕 ○○○○ 令認

徵十四緝

入 急汲笈邑 ○○○立 ○○○○ 集緝○吸吸 ○○○什十 翕翕浥浥 ○○○○ 粒入

徵九佳

平 皆揩○涯 ○○○○ ○○排埋 ○○○○○ 齋差豺 節 ○ ○諧挨○ ○○○○ 來○

徵九蟹

上 解楷○騃 ○○○○ 擺○罷買 ○○○○○ ○○廌灑灑 駭 駭矮矮 ○○○○ ○○

X徵 Ⅲ皆 Ⅰ皆 Ⅱ解 Ⅲ戒

徵十卦

去 戒○○○ ○○○○ ○○○賣 ○○○○○ 債瘥瘥曬曬 ○械隘隘 ○○○○ ○○

徵六麻

平　嗟○茄爺　○○○　○○○○　迦○○些邪　遮車蛇奢闍　○○○○　○○○○　囉婼

徵二十一馬

上　姐○○○　○○○○　○○○乜　姐且○寫寫　者撦撦捨捨　○○野野　○○○○　○惹

X徵　X嗟　Ⅰ皆　Ⅱ姐　Ⅲ借

徵二十二禡

去　借○○夜　○○○○　○○○○　借○○○　蔗○○射射　○○夜夜　○○○○　○○

徵四支八齊五微

平　基欺奇倪　低梯啼泥　卑披皮迷　齎妻齊西○　知癡遲○移　希奚衣移　非肥○微　離○

徵四紙八薺六語五尾

上　己起起矣　邸體體汝　比痞陛米　濟泚泚徙徙　○此此矢矢　喜喜以以　匪匪尾尾　里○

X徵　ɤ基　Ⅰ基　Ⅱ己　Ⅲ寄　x吉

徵四寘五未八霽十一隊

去 寄器器詣 帝替地泥 閉譬備媚 濟砌砌細細 知眙示世誓 戲系意異 費吠未未 利二

徵四質十一陌

入 吉乞及逆 的剔狄暱 必弼匹密 唧七疾悉席 質叱食 失寔 肸欻 一逸 ○○○○ 力日

借基字韻十二位從十三位讀起

徵四支

平 ○○○○ ○○○○○ ○○○○○ 貲雌慈斯詞 支差○詩時 ○○○○ ○○○○○ ○兒

借己字韻十二位

徵四紙

上 ○○○○ ○○○○○ ○○○○○ 子此此死似 紙齒始士氏 ○○○○ ○○○○○ 里耳

X徵 丄貲 Ⅰ貲 Ⅱ子 Ⅲ恣 X吉

借寄字韻十二位

徵四寘

去 ○○○○ ○○○○○ ○○○○○ 恣次自四寺 至 懘示試侍 ○○○○ ○○○○○ 利二

借吉字韻

徵四質

入 ○○○○ ○○○○○ ○○○○○ ○○○○○ 櫛○○瑟瑟 ○○○○ ○○○○○ ○○

羽一先十三元

平 涓○權原 ○○○○ ○○○○ 鐫詮全宣旋 專穿傳○遄 喧玄淵員 ○○○○ ○○

羽 十三阮 十六銑

上 卷犬○阮 ○○○○ ○○○○ ○○雋選暶 轉喘喘○○ ○○苑遠 ○○○○ 臠輭

ȣ羽 Ⅰ涓 Ⅰ涓 Ⅱ卷 Ⅲ絹 Ⅹ厥

羽 十四願 十七霰

去 絹勸倦願 ○○○○ ○○○○ ○繏繏選○ 囀釧傳○○ 絢眩怨院 ○○○○ 戀○

羽 六月 九屑

入 厥闕蕨月 ○○○○ ○○○○ ○○絶雪○ 拙歠歠説説 ○○抉越 ○○○○ 劣熱

羽 六麻 五歌

平 厥淲○○ ○○○○ ○○○○ ○○○○○ ○○○○○ 靴○○○ ○○○○ ○○

羽 二十一馬

上 ○○○○ ○○○○ ○○○○ ○○○○○ ○○○○○ ○○○○ ○○○○ ○○

ɤ羽　Ⅱ⿰氵蛇　Ⅰ⿰氵蛇　Ⅹ厥

羽 二十二禡

去　○○○○　○○○○　○○○○○　○○○○○　○○○○　○○○○　○○○○　○○

羽 六月　九屑

入　厥闕蕨月　○○○○　○○○○　○○絶雪○　拙歠歠説説　血穴抉越　○○○○　劣熱

羽 一東　二冬

平　弓穹窮顒　冬炵彤農　○○○瞢　蹤蓯從松菘　○○○○　胷雄雍容　○○○○　龍○

羽 一董　二腫

上　拱恐聳○　○○○○　○○○○　○○○悚○　踵○○尰尰　洶洶擁勇　○○○○　○○

ɤ羽　Ⅲ弓　Ⅰ弓　Ⅱ拱　Ⅲ供　Ⅹ菊

羽 二宋　一送

去　供恐恐○　○統○○　○○○夢　縱從從宋頌　衆○○○○　○○○用　○○○○　○○

羽 一屋　二沃

入 菊麴麴玉 ○○○衄 ○○○目 足促蹴夙續 祝觸贖束熟 旭旭郁育 ○○○○ 六肉

羽 十一真 十二文 平 鈞囷群䡣 ○○○○ ○○○○ 遵皴鷷荀荀 諄春醇○純 薰○氳雲 ○○○○ 倫○

羽 十一軫 十二吻 上 窘稛稛○ ○○○○ ○○○○ ○○○筍筍 準蠢盾○○ ○○蘊隕 ○○○○ ○○

ȣ 羽 X鈞 I鈞 II窘 III君 X菊

羽 十三問 十二震 去 君○郡○ ○○○○ ○○○○ 俊○○峻殉 ○○順舜○ 訓訓醞運 ○○○○ ○閏

羽 五物 四質 入 橘屈倔崛 ○○○○ ○○○○ 卒○崒恤恤 出術率率 獝驈欝聿 ○○○○ ○○

羽 六魚 七虞 平 居區渠魚 ○○○袽 ○○○○ 疽趨菹須徐 朱樞除書殊 虛○於于 ○○○○ 閭如

羽 六語 七麌

上　舉〇巨語　〇〇〇〇　〇〇〇〇　苴取聚醑緒　〇杵杼暑〇　諸許〇羽　〇〇〇〇　吕汝

ȣ羽　丄居　Ⅰ居　Ⅱ舉　Ⅲ據

羽 七遇 六禦

去　據去具遇　〇〇〇〇　〇〇〇〇　怚娶〇絮〇　著處處恕樹　〇〇嫗豫　〇〇〇〇　慮孺

韻學全書終